DVD ＋ QRコード でよくわかる！

自然の法則を活かした介護テクニック

少林寺拳法で
介護ができる

著　者●**宗 昂馬**（一般社団法人SHORINJI KEMPO UNITY　代表理事）

責任編集●**一般社団法人SHORINJI KEMPO UNITY**

監修主幹●**根津良幸**（埼玉医科大学　客員教授）

監　修●**小山政史**（埼玉医科大学　副医学部長）

　　　　鳥尾哲矢（埼玉医科大学　整形外科・脊椎外科教授）

　　　　光武耕太郎（埼玉医科大学国際医療センター　感染症科・感染制御科教授）

JN074200

ベースボール・マガジン社

はじめに

　本書『少林寺拳法で介護ができる』は、少林寺拳法の技法を活かして、介護をする人が腰などを痛めることなく、大きな力を使うこともなく、誰でも簡単にできる介護技術のメソッドをまとめた実践書です。本書を手にしていただいたその日から、少林寺拳法とは無縁の人でも、介護が初心者の方でも、この技術を使ってラクに介助を行うことができます。

　実際の技術を解説していく前に、どのようにして、この少林寺拳法の技法を活かした介護技術が誕生したのかをご説明します。

　少林寺拳法には、『教え』があります。そこには、少林寺拳法がたんに体を鍛えるための運動や、身を護るための武道・格闘技などではなく、研鑽を積むことによって自己の確立を目指し、互いに援け合い、世のため人のためになるように修めるものであることなどがまとめられています。簡単にいうと、「社会に役立つ人づくり」を目的としているということです。我々が修練の前に必ず唱える「信条」の一つに、次の一文があります。

一、我等は、愛民愛郷の精神に則り、世界の平和と福祉に貢献せんことを期す。

　私は少林寺拳法に携わる者として、日ごろは道場での「人づくり」を通じて、社会に貢献することを目指しています。しかし、より直接的に

社会福祉に役立つことはできないかという課題も常に抱えています。

　あるとき、一人の拳士との出会いがありました。介護福祉に関わる教育と福祉施設の運営をされている根津良幸さんです。

　根津さんは、38歳のときに脳梗塞で倒れ、3日間の昏睡状態から目覚めると、左半身がまったく動かなくなっていました。現在、根津さんは、2年半の介護とリハビリの生活を経てすっかり回復し、もともとの仕事である介護福祉の分野で精力的に活動されています。

　この少林寺拳法介護技術は、根津良幸さんが自身の経験のなかで生み出した技術がもとになっています。この技術がなければ、根津さん自身、リハビリのスタート地点に着くことさえ難しかったかもしれません。そして、介護のご苦労を抱えている多くの方々に、この新しい介護技術をお伝えすることもできなかったのです。

　根津さんはなぜ、この、力を使わずに誰もができる介護技術を生み出すことができたのか、ご本人の文章を紹介させていただきます。

　私の左半身の麻痺がわかったとき、私の介護をできるのは、妻だけでした。当時、私たち夫婦には子どもが生まれたばかりでした。妻は、重度のヘルニアを患っており、その体で生まれたばかりの赤ん坊の世話をしながら、私の介護までするという状況に追い込まれたのです。しかし、どう考えても、腰に負担のかかる介護をするのは、妻には不可能です。

　私たちは途方にくれました。私は一人では食べることも排泄もでき

ず、妻も介護することが不可能であったなら、私たちはどうやって生きていけばいいのか——。絶望しかけたとき、一冊の本が枕元に置かれているのが目にとまりました。それは、『少林寺拳法のススメ』(ベースボール・マガジン社刊)でした。

　そのとき私は、自然に本を手にして、ページを開いていました。すると、次の言葉が目に飛びこんできたのです。

「自然の法則を利用する」

「最初に崩しありき！」

　脳梗塞で倒れる前の私は、少林寺拳法を学んではいても、「崩し」が、力を入れずに相手を倒す理法だと考えたことはありませんでした。ところがこのとき、「梃子の理」「車の理」と目を通していくうちに、ふいに、「ああ、少林寺拳法とは、そういうものだったんだ」と、腑に落ちたのです。

　そして、力を入れずに相手を倒すことができるなら、力を入れずに起こすこともできるはずだと考えました。考えて、図を描き、妻に見せてやってもらったら——できたのです！

　私たちにとってこの技術は、家族が生きるための術でした。私は２年半かけて、介護度５から４、３、２、１、要支援２、１と段階を経て、回復することができました。

　私と妻が必要であった「生きるための術」は、しばらくの間は、誰にも話すことができませんでした。あまりにも辛い出来事であり、忘れたかったトラウマだったのです。しかしあるとき、あの頃の私たちのように、介護に悩む老夫婦と出会いました。そのご夫婦のご主人は身長が180cm以上あり、小柄な奥様が介護を続けるのは限界だと、

お話しされたのです。

　私はこのご夫婦を助けたいと思いました。そして、その場で奥様に、私が考え、妻が行った介護技術を試してもらったところ、奥様は体格のいいご主人を楽々と抱き起こし、立ち上がらせ、車いすに移乗させることもできたのです。

　この日を機に、私はこの介護技術を多くの人に知っていただき、役立てていただくことが私の使命だと心に誓いました。以来、懸命にその活動を続けています。

根津さんが開発した介護技術は、人の体にとって無理のない、自然な身体操作であるため、介護される人もラクに無理なく動かされます。介護する側も、される側も、ストレスなくできる技術として、既に多くの介護現場などに伝えられています。また、埼玉医科大学のカリキュラムにも取り入れられています。

　本書は、介護に携わる専門職の方はもちろん、一般の方々にもすぐに役立てていただけるように編集しました。

介護という、人を支える立場に身を置く方々、そして思うように体を動かすことができないなかでも希望をもって日々を過ごされている、介護を受ける側の方にも、一助になると確信しております。

少林寺拳法第三世師家　宗　昂馬

現代の介護技術のスタンダードへ

埼玉医科大学国際医療センター
感染症科・感染制御科教授
光武　耕太郎

　高齢化が進んでいる現代、介護の負担は増大しています。しかし、新型コロナウイルス感染症拡大の影響から、介護現場では介護従事者が抱える不安が大きくなり、介護職離れや、逆に、介護を必要とする方が感染を気にする理由から依頼をしにくいという状況が懸念されています。高齢者が高齢者の介護をする老老介護が問題となっている今、さらに適正な介護の機会が減るようであれば介護をする人達の負担や受けられない方々の不利益は計り知れません。

　本書の介護技術は、介助者の腰に負担をかけにくく、少林寺拳法の経験がない人でも実践できるものなので、高齢者が介護を担当せざるを得ない状況下にあって、なくてはならないものといえます。介助者の負担が軽減され、介護を受ける方の生活の質が維持できれば、肺炎などの感染予防にもつながります。

　少林寺拳法は、自然の法則を利用し、梃子の理や重心の移動といった力学に基づいて、相手（の力）を受けつつ、自分の力を無理なく効率的に伝えて相手を動かします。その技法を介護技術に応用することは、まさに発想の転換、新たな着眼といえます。そもそも少林寺拳法には、他の人に力を貸すという自他共楽の考えが根底にあると知って得心がいきました。

　この介護技術は、少林寺拳法の鍛錬をした人だけが実践できるのではなく、日々介護に携わっている介護職の方々や、家庭内、女性を含む、むしろあまり力の強くない一般の方たちを対象としています。病院やリハビリ・介護施設の医療者にとっては必読の書であり、家庭の介護においても非常に役に立つ内容です。今後、介護技術のスタンダード(標準)になっていってほしいと願います。

少林寺拳法で介護ができる
CONTENTS

少林寺拳法で**介護**ができる
CONTENTS

少林寺拳法で介護ができる

本書の利用の仕方

■第1章「少林寺拳法の技法を活かす」では、少林寺拳法の理法や技が
どのように本書の介護技術と結びついているかを写真とともに紹介し、
さらに、筋肉や骨、関節などの使い方を整形外科的見地から分析して、
少林寺拳法の技法を活かした介護テクニックがなぜ体に負担をかけな
いのかを理論的に解説しています。

■第2章からは、実践的な介護テクニックを詳細な手順と写真で解説し
ています。以下に示した特徴やポイントも参考にしてください。

基本の介助方法以外にも、
介護度や環境に応じた介助
方法を紹介しています。

少林寺拳法と共通する部分
に注目し、体への負担が軽
減される理由を解説してい
ます。

従来の介護技術のNG例を
紹介し、体に大きな負担を
かける理由と、本書の介護
技術との違いを比較解説し
ています。

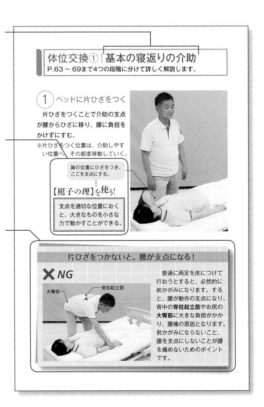

体位交換① 基本の寝返りの介助
P.63〜69まで4つの段階に分けて詳しく解説します。

1 ベッドに片ひざをつく
片ひざをつくことで介助の支点
が腰からひざに移り、腰に負担を
かけずにすむ。
※片ひざをつく位置は、介助しやす
い位置へ、その都度移動していく。

胸の位置にひざをつき、
ここを支点にする。

【梃子の理】を使う!

支点を適切な位置におく
と、大きなものを小さな
力で動かすことができる。

片ひざをつかないと、腰が支点になる!

✕ NG

大臀筋　　脊柱起立筋

普通に両足を床につけて
行おうとすると、必然的に
前かがみになります。する
と、腰が動作の支点になり、
背中の脊柱起立筋やお尻の
大臀筋に大きな負担がかか
り、腰痛の原因となります。
前かがみにならないこと、
腰を支点にしないことが腰
を痛めないためのポイント
です。

体にふれる位置と筋肉や骨格、位置関係、動作の流れなどを図解しています。

動作のイメージをつかむためのヒントとして、その部分の介護技術とよく似た動作をする少林寺拳法の技を紹介しています。

一部にQRコードを掲載し、スマートフォンやタブレット型パソコン等付属のカメラで撮影することで読み取れば、該当動作を動画にて視聴していただけるようにしています。

この部分を動画で見る

[DVDおよび QRコード→動画の内容]

■映像は、すべて、本書のためにあらたに撮影・編集したものです。本書1〜5章で紹介している介護技法、少林寺拳法技法のうち動作を伴うものほぼすべての内容を付属DVDに収録しています。また本書一部のページにおいては、見出しの横にQRコードを掲載し、スマートフォンやタブレット型パソコン等付属のカメラで撮影することで読み取れば、該当動作を動画にて視聴していただけるようにしています。なお、DVDにおいては、著者である少林寺拳法第三世師家・宗昂馬のほか、埼玉医科大学・小山政史副医学部長、埼玉医科大学整形外科および脊椎外科・鳥尾哲矢教授、埼玉医科大学国際医療センター感染症科および感染制御科・光武耕太郎教授のコメントを収録しています。

[QRコードにてリンクする動画の視聴に関する注意]

■QRコードにてリンクする動画は、インターネット上の動画投稿サイト（YouTube）にアップしたものを視聴するかたちとなっています。経年により、YouTubeやQRコード、インターネットのシステムが変化・終了したことにより視聴不良などが生じた場合、著者・監修者・発行者は責任を負いません。また、スマートフォン等での動画視聴時間に制限のある契約をされている方が、長時間の動画視聴をされた場合の視聴不良などに関しても、著者・監修者・発行者は責任を負いかねます。

第1章

少林寺拳法の技法を活かす

少林寺拳法の技は、人間の骨格と自然の理を活かしているため、
体の小さな人でも、大きな人を軽々と倒すことができます。
力強さを感じますが、実際にはふわっと技をかけているのです。
このことを介護技術に活かせば、
介護する人も、される人も
体への負担が格段に少なくなります。

少林寺拳法の技法を
介護技術に活かす

　なぜ、少林寺拳法を介護技術に応用することができるのか。その理由は、少林寺拳法の技が「自然の原理に基づいて構築されている」という点にあります。「力ずくで技をかける」といったことはせず、相手の力を利用して、相手を倒します。

　強い力をかけた様子もなく、一瞬で相手が倒れるので、知らない人が見れば、相手がわざと倒れたようにも見えます。また、神秘の技のようなイメージをもつ人もいますが、少林寺拳法の技がなぜ決まるのかは、科学的に証明することができます。

　この章では、少林寺拳法がどのような原理に基づいているのかを物理学的・力学的な視点で見て、介護技術に応用できる理由を解説します。

少林寺拳法の技法と介護への応用

◉崩し

P.98 ～ 99でさらに詳しく解説します。

　人は押される方向によって簡単によろめいたり、踏ん張れたりする。それは、かかる体重の向きによって、体勢に強い・弱いができるからだ。たとえば、両足のつま先に重心をかけて立ち、後ろから押されると簡単に前のめりに崩れる。反対に、つま先を浮かせ、かかと立ちの状態で前から押されると後ろに倒れてしまう。この原理を利用して、相手を不安定な状態にすることを少林寺拳法では「崩し」と呼んでいる。

　崩しの6方向（右ページ図）に重心をかけさせ、相手を不安定にして、適切な方向に力を加えれば、ごくわずかな力で相手を操作することができる。

▌崩しの6方向

人はこの6方向以外には倒れにくい。たとえば
真横から押されても、横には倒れない。

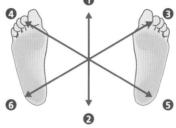

両足のつま先を結ん
だ線に対して直角の
方角（前への崩し）
❶

右足の小指側で
右斜め前の方向
❹

左足の小指側で
左斜め前の方向
❸

右足のかかとと
外側で右斜め
後ろの方向
❻

左足のかかとと
外側で左斜め
後ろの方向
❺

両足のかかとを結んだ線に対し
て直角の方角（後ろへの崩し）
❷

介護への応用

倒れる方向を利用すること（**崩しの活用**）も、倒れ
ない方向を利用すること（**崩しの逆用**）もできます。

立ち上がりの介助

倒れやすい
方向

相手の体を、「**倒
れやすい方向であ
る正面**」に前傾し
てもらうと、体重
が移動してラクに
立ち上がりの介助
ができる。

崩しの活用

体側で支える

倒れにくい
方向

「**倒れにくい方向
である真横**」を相
手に向けて立つと
安定して支えるこ
とができる。

崩しの逆用

●鈎手の理
かぎ て

　相手が手首をとりにきたときに、ひじを90度に曲げつつ体に近づけて、攻撃を無力化する守法。小さな力で大きな力に対抗できる。

握られたら五指を開きつつ、自分の体を寄せてわきをひじにつける。
手首と身体が一体化することで強い力が発揮できる（鈎手守法）。

ひじを90度の鈎状にすることで相手の攻撃をいなすこともできる。

介護への応用　相手の体重やとっさにかかる強い力などを、鈎手にすることにより、小さな力で支えることができる。

ベッドでの抱き起こし

肩の下と、ひざ裏に入れる手をともに鈎手にすることで、大きな相手でも動かしやすくなる。

「グー」よりも「パー」！

力みなぎる印象の強い握りこぶしだが、持ち上げるには適していても、支えるときは手を開いたほうがよい。

 ✕ NG

グーにしたとき、上から体重をかけられるとすぐにだれてしまう。

〇 OK

パーにすると、上から体重をかけられても長い時間耐えられる。

※この例は、鈎手の理を「柔法」で活用したもの。P.20の掬首投のように、突きや蹴りに対応する「剛法」でも発揮される。

▌上膊抜 [じょうはくぬき]

両腕をつかまれても、鈎手守法を使えば安定した状態で身を守れる。

腕をつかまれる。

瞬時に鈎手守法で身を守る。

介護への応用

相手の腕を操作したり、わきの下に腕を差し入れて体を支える際などに応用できる。

腕が上がりにくい人の腕を肩にのせる

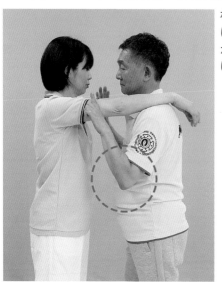

相手の腕を肩にのせるとき、鈎手にして腕の下から支えると、腕力が弱い介助者でも、安定してラクに操作できる。

転倒しそうになった人をとっさに支える

相手のわきの下に腕を入れながら、ひじを曲げ、手を開いて鈎手にすると、受けとめる力が倍増するので、ぐらつかずに支えられる。

■掬首投 [すくいくびなげ]

鈎手の理は、手首などをつかまれたときに対処する「**柔法**」で利用することが多いが、突きや蹴りに対応する「**剛法**」でも発揮される。

① 相手の連続攻撃を受けさばく。

② 廻蹴は大変威力があるため、「打払受」で対処。ひじは伸ばしきらず、曲げた状態で受ける。

剛柔一体

少林寺拳法の特徴に「剛柔一体」がある。突き蹴りなど当身に対する防御反撃の方法を「剛法」、体や衣服をつかまれたときに逃れたり制したりする法を「柔法」と呼び、どのような状況でも対処できるよう、この二法をバランスよく修練していく。

③〜⑤

動きをとめることなく反撃に移る。
相手の首に手刀打、そのまま掛手。
左手は鈎手・五指を開いたまま掬い
上げることで、相手の足をラクに持
ち上げられる。

介護への応用

鈎手守法と掛手（→P.30）を使い、相手の体を回
転させるとラクに動かすことができる。

ベッドでの抱き起こし

首の後ろに腕を差し入
れて鈎手にし、親指を
自分の肩の方向へ引く。
同時に、相手のひざの
外側に掛手でふれた手
も軽く引いて相手の上
体を起こす。

●梃子の理

大きな物を動かすとき、支点を適切な位置において固定すると、小さな力で動かすことができる。次の「送小手」をはじめ、少林寺拳法の多くの技で、この原理が活かされている。

▌送小手 [おくりごて]

手首を握られたときの対処法。

肩が支点

✖NG

手首を持ってただ腕を回そうとしても、相手の肩が支点になっていると動かず、倒すことはできない。

手首が支点

⚫OK

梃子の理を使い、相手の手首を支点にすることで肩が回り、倒すことができる。

介護への応用

通常の介助では、腰が支点になることが多いが、別の適切な位置に支点をつくることでラクに介助でき、腰に負担をかけずにすむ。

体位交換（寝返りの介助）

腰が支点になる

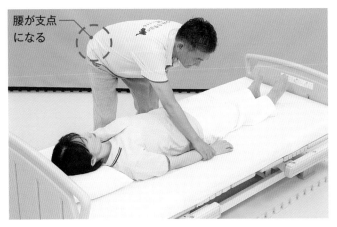

✕ NG 寝返りの介助を、介助者がベッドわきに立って行おうとすると、支点となる腰に負担がかかる。

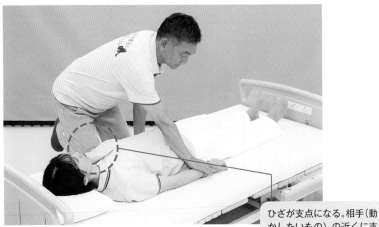

◯ OK ベッドに片ひざをつくと、支点が腰からひざに移る。

ひざが支点になる。相手（動かしたいもの）の近くに支点をおくと、重いものでも少ない力で動かせる。

第1章　少林寺拳法の技法を活かす　梃子の理の応用

●車の理・はずみの理

　コマのように、軸の先を細くして、地面と接する面積を小さくすることで、相手を勢いよくまわすことができる(車の理)。また、いったん動き出した勢いを利用することで、相手を思う位置までラクに動かすことができる(はずみの理)。接する面積を小さくして体の移動や、回転をしやすくする原理はさまざまな技に活かされている。

▌木葉返 [このはがえし]

① 軽く添える感じで相手の手をつかみ、重心を前に移動させる。

② 次に、つかんだ手を横にもっていくと自然に相手の手が上へ上がる。

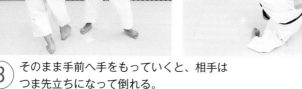

③ そのまま手前へ手をもっていくと、相手はつま先立ちになって倒れる。

裏返投 [うらがえしなげ]

相手を仰向けに倒したところを、瞬時にうつぶせにさせてしまう技。

 NG

背中が着いてしまうと
接地面積が増え、操作
が難しくなる。

OK

お尻が着いた瞬間、その小さな面積
を「点」と捉え、回転させ、その勢
いで相手を裏返す。

「車の理・はずみの理」の 介護への応用

相手の体と、ベッドなどとの接地面積を小さくすることで抵抗がなくなり、回転力も増す。

ベッドでの抱き起こし

ベッドと接する部分をお尻の坐骨部分だけにすると、
相手の体をラクに回転させられる。

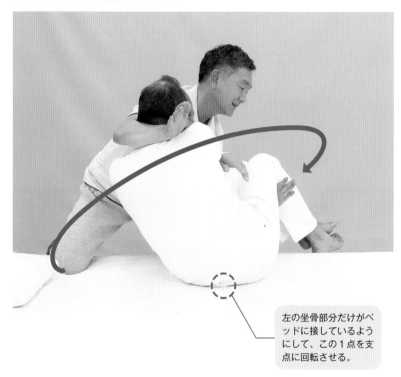

左の坐骨部分だけがベッドに接しているようにして、この1点を支点に回転させる。

◉運動神経の逆用

▌振子突 [ふりこづき]

力や体が小さな者でも、体の特性を理解すれば、最大の力が発揮できるように効率よく活用することができる。腕の屈伸力だけで突いても、腕力に頼ることになり、威力は期待できない。

①② 体重を移し、体の中でも大きな筋肉がある、下半身をひねる捻転の動作が加わることで、体全体を使った大きな攻撃力を生み出すことができる。

①

②

③ また、捻転が戻ろうとする力(復元)を利用して連続攻撃や別の動作に移すことができる。

▌逆廻蹴 [ぎゃくまわしげり]

筋肉には弾性が伴うため、ゴムやバネのように元に戻ろうとする。その復元力を利用することで、大きな作用を生み出すことができる。

① 後方の足で廻蹴をする場合、前ひざを曲げ、かかとを出すようにした「前鈎足」という予備動作を行う。この動作を行うことで上半身と下半身にひねりが生じ、それを保持することにより、蹴りに向けての「ため」が生まれる。

② 次に後方の足を地面から浮かせた瞬間、捻転からの復元力が発生し、蹴りに大きな勢いが増す。

「運動神経の逆用」の**介護への応用**	捻転が戻る力を利用して、寝返りをラクに介助したり、相手の体を保持することができる。

体位交換（寝返りの介助）

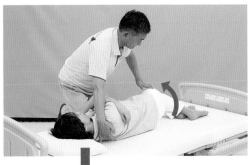

相手のひざを引くと、体が捻転して下半身から手前を向きだす。

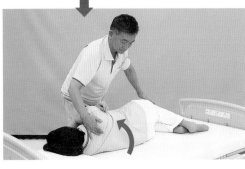

次に肩を軽く引き寄せると、捻転が戻る力が働いて、上半身が簡単に手前を向く。

座位の保持

相手の上半身を捻転しておき、それが戻ろうとする力を介助者のおなかで受けとめるので、相手の体が安定する。

第1章　少林寺拳法の技法を活かす

運動神経の逆用

●反射神経の活用

[⎯⎯⎯⎯⎯⎯⎯⎯⎯ 掛手〈かけて〉 ⎯⎯⎯⎯⎯⎯⎯⎯⎯]

　相手の手首を取る手。しっかりつかむと反射神経によって反発されるが、2本または3本の指を軽くひっかけると反発が起こらず、そのままふわりと技をかけられる。

▌小手投 [こてなげ]

相手が突き技で攻撃してきたときに、その腕をとって大きく振り投げる技。

① 相手が突き技をしてきた。

② その相手の手首に掛手をする。この場合は、中指・薬指を手首にふれる。

③ ④ 相手の肩を支点にするような形で大きく振って投げる。

介護への応用　介助者が手のひら全体を使ってつかむと、相手は緊張して体に力が入ってしまう。これに対して、２本または３本の指だけを使うと、やさしくふれられるため、相手は緊張せずに力を抜いたままでいられる。

歩行の手引き

✕ NG

従来の方法は、相手の手や手首をつかむことが多いが、このようにすると相手は反射的に体を引こうとして、前に踏み出せなくなる。

◯ OK

手のひらで相手の両ひじを包み込むようにして、中指・薬指で腕と背中に軽くふれると、これだけで上半身を保持でき、相手はスムーズに足を前に出せる。

従来の介護技術との違い

　ここまで、少林寺拳法の技法と介護への応用をみてきましたが、従来の介護技術とはどう違うのかを確認しておきたいと思います。

従来の介護は「パワー介護」

　介護の現場では、慢性的な腰痛に悩む人が多く、職業病ともいわれています。もちろん、プロとして介護に携わる人だけでなく、家族等の介護を行っている方の多くも、腰痛をはじめとする体の痛みや疲労を抱えています。

　また、従来の介護技術は、介助者だけでなく、介護される側の方にも大きな負担をかけます。なぜなら、強い力でつかまれたり、力ずくで持ち上げられるといったことは、心身ともに苦痛になるからです。

　このような、いわば「パワー介護」を、強い力を使わない介護に変えることができれば、介助者も介護される方も、はるかに負担が軽減されます。**強い力を使わない介護……これを実現したのが、「少林寺拳法の技法を活かした介護テクニック」**です。

体づかいの違いを比較

　パワー介護と、少林寺拳法の技法を活かした介護の体づかいの違いを具体的にみてみましょう。

◉パワー介護は「抱く・持ち上げる」➡「押す・引く・まわす」

　少林寺拳法の技においても、力ずくで大きな相手を持ち上げるようなことはしません。相手の力や、自然の原理を利用して、押す・引く・まわすといった動きによって、相手を倒します。

◉パワー介護は「つかむ」➡「ふれる」

人はつかまれると、本能的に反発しようとする力が働きます。しかし、2本から3本の指で軽くふれられると、素直に相手の意のままに動かされます。少林寺拳法の「**掛手**」の技法がこれに当たります。

◉パワー介護は「腰を支点にする」➡「支点を変える」

パワー介護の場合は、腰を支点にして相手を動かそうとすることが圧倒的に多く、腰への負担が相当大きくなっています。そこで、片ひざをつくことにより、相手の体重と自分の体重を分散させられるので、支点を腰から外すことができ、腰に負担がかからなくなります。少林寺拳法でも、支点をおいて「梃子の理」を使い、小さな力で相手の力をかわす技法が多くあります。

支点をつくるため、相手の体を動かす前に、体とベッドなどとの接地面を小さくすることもポイントです。

「当身の五要素」との共通点

少林寺拳法では、力の弱い者が体の大きな者へ当身（反撃）をする際、最大限の効果を発揮させるために心がける、五つの要素があります。本書で紹介している介護技術は、この「当身の五要素」とも多くの点で共通しています。

1 急所の位置

やみくもに反撃をしても相手にダメージを与えることは困難です。しかし人間の体にはいくつもの急所（弱点）があり、その位置に当てることができれば、最小の力で倒すことができます。

介護の場合も同様で、ふれる箇所にポイントがあり、その箇所さえ間

違えなければラクに介助ができます。

2 当身の間合

　最大限の当身をするためには、届かなければ意味がありません。一方、近すぎても思うような威力が発揮できなくなります。

　介護においても、適切な間合いをとることで、腰を痛めず、相手にもストレスを与えることなく接することができます。

3 当身の角度

　当身では角度も大切です。角度によってその威力は大きく変わり、急所によっては全く異なる効果が出ることもあります。

　介護の動作もほんの少し角度を変えることで、相手の重さを軽く感じることができます。

4 当身の速度

　少林寺拳法の当身では、拳足の質量や筋量よりも、速さを重視します。

　介護技術においても、「はずみの理」を使って無駄のない素早い動作を心がけることで、相手を動かすことが容易になり、介助する側も介護される側も負担が少なくなります。

5 当身の虚実

　相手の身体や精神的な虚（油断やスキの意）を見逃さず、我の実（身心の充実状態）を以て対応することをいいます。

　介護においても、相手の実（こう着状態）をほぐし、虚（リラックス）の瞬間を見計らって対応することを心がけます。

「調息」と「目配り」

少林寺拳法には「調息」と呼ばれる呼吸法があります。また、「目配り」を非常に大切にしています。それぞれ、次のように介護技術に活かすことができます。

| 調息 | 息は「生き」であり「意気」にも通じ、体力・気力・精神力の源であると考えています。介護技術においても同様で、呼吸を止め、無駄にいきめば余計な力が発生します。調えられた適切な呼吸が、スムーズな動作につながります。

介護技術での調息（呼吸のコツ）

押すときは息を吐く。（奥側への寝返り）

引くときは息を吸う。（手引き歩行）

| 目配り | 少林寺拳法では、「八方目」といって、目を動かさずに視野全域を見ることを心がけます。介護技術では、ときにはあえて視線を外して緊張感を緩めることがあります。また、視線の向きを変えることで、腕の力だけでなく、身体全体をダイナミックに使うことも可能です。

介護技術での目配り（視線のコツ）

ベッドでの抱き起こしの介助の際、体を回転させている間は視線を高い位置に向けておき、足をおろすときにはじめて視線を下げるようにするとスムーズに回転させることができる。

介護技術に関わる主な筋肉と骨格

　本書で紹介する介護技術を整形外科的な視点で見た場合、体のどの部分をうまく使い、どのような筋肉や関節の負担を軽減するのかを紹介します。また、介助者が相手の体にふれるとき、骨や筋肉の位置で確かめるとわかりやすい部位を図で示します。

胸と腕の筋肉

「手首を伸ばしたまま、ひじを曲げて腕を引く」という動作では、図に示した大きな筋肉に力が分散されるため、腰への負担が軽減されます。

三角筋（さんかくきん）
体の正面側から背面側まで肩を覆っている、上半身で最も体積が大きい筋肉。

上腕二頭筋（じょうわんにとうきん）
力こぶをつくる筋肉で、ひじを曲げるときや前腕を回すときに働く。

腕橈骨筋（わんとうこつきん）
ひじを曲げるときに働く。手首の動きには関わっていない。

大胸筋（だいきょうきん）
胸板を形成する筋肉。上半身で三角筋に次いで体積が大きい。

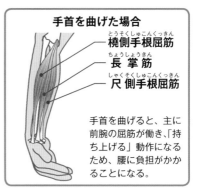

手首を曲げた場合

橈側手根屈筋（とうそくしゅこんくっきん）
長掌筋（ちょうしょうきん）
尺側手根屈筋（しゃくそくしゅこんくっきん）

手首を曲げると、主に前腕の屈筋が働き、「持ち上げる」動作になるため、腰に負担がかかることになる。

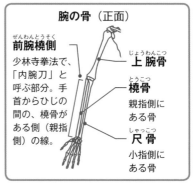

腕の骨（正面）

前腕橈側（ぜんわんとうそく）
少林寺拳法で、「内腕刀」と呼ぶ部分。手首からひじの間の、橈骨がある側（親指側）の線。

上腕骨（じょうわんこつ）

橈骨（とうこつ）
親指側にある骨

尺骨（しゃっこつ）
小指側にある骨

おなかの筋肉

介助する相手のおなかの筋肉の捻転力を使って、上半身を起こしたり、安定して保持したりすることがあります。また、あえておなかの筋力が働かないようにすることで、介助しやすくすることもあります。

腹直筋
（ふくちょくきん）

一般に腹筋と呼ばれる筋肉で、前屈したり、仰向けの状態から起き上がるときに働く。相手に脱力していてほしいときは、相手の腕を交差させるなどして、あえて働かないようにすることがある。

（正面）

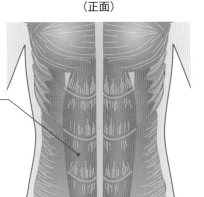

足の筋肉

介助する相手のひざを立てるときは、ひざ裏に指をふれて腕を引きます。ひざを曲げる際に働く筋肉を図で示します。

（背面）

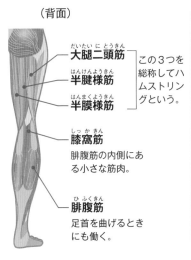

大腿二頭筋（だいたいにとうきん）

半腱様筋（はんけんようきん）

半膜様筋（はんまくようきん）

この3つを総称してハムストリングという。

膝窩筋（しっかきん）
腓腹筋の内側にある小さな筋肉。

腓腹筋（ひふくきん）
足首を曲げるときにも働く。

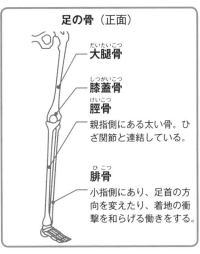

足の骨（正面）

大腿骨（だいたいこつ）

膝蓋骨（しつがいこつ）

脛骨（けいこつ）
親指側にある太い骨。ひざ関節と連結している。

腓骨（ひこつ）
小指側にあり、足首の方向を変えたり、着地の衝撃を和らげる働きをする。

背中と腰の骨

手をふれる位置を確認するために覚えておきたい背中から腰の骨と、脊柱（背骨）の構造を図で示します。

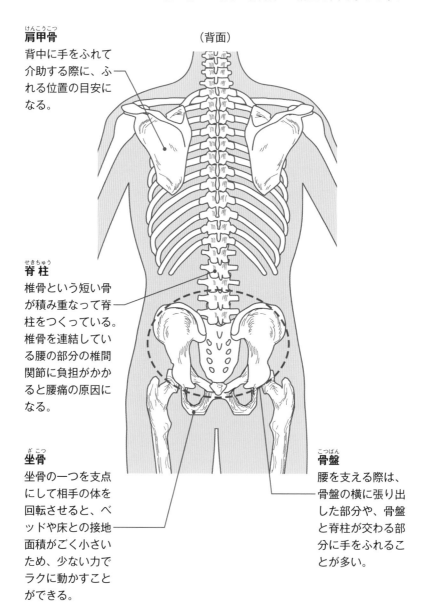

（背面）

肩甲骨（けんこうこつ）
背中に手をふれて介助する際に、ふれる位置の目安になる。

脊柱（せきちゅう）
椎骨という短い骨が積み重なって脊柱をつくっている。椎骨を連結している腰の部分の椎間関節に負担がかかると腰痛の原因になる。

坐骨（ざこつ）
坐骨の一つを支点にして相手の体を回転させると、ベッドや床との接地面積がごく小さいため、少ない力でラクに動かすことができる。

骨盤（こつばん）
腰を支える際は、骨盤の横に張り出した部分や、骨盤と脊柱が交わる部分に手をふれることが多い。

背中と臀部の筋肉

「片ひざをついて支点にする」という動作は、背中を丸めずに動作を行えるため、脊柱起立筋や大臀筋、椎間関節などへの負担が軽減され、腰痛を防ぐことができます。

脊柱起立筋
せきちゅう きりつきん
背中をまっすぐ立てるために必要な筋肉で、背中を反らす方向に働く。

大臀筋
だいでんきん
歩行や立ち上がるときなど、主に足を後方へ伸ばすときに働く。

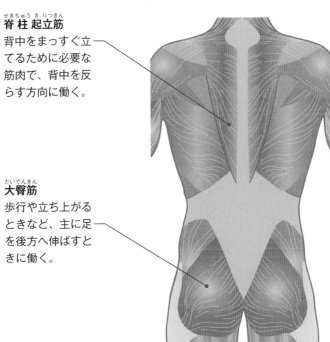

背中を丸めたときの筋肉

背中を丸めると、首からお尻までの筋肉が一方向に引っ張られて大きな負荷がかかる。また、腰の部分の椎間関節にも負荷がかかり、腰痛を引き起こす原因になる。

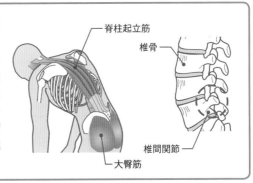

脊柱起立筋
椎骨
椎間関節
大臀筋

腰痛予防の観点からみた本書の介護技術

埼玉医科大学整形外科・脊椎外科教授
鳥尾　哲矢

　日本における腰痛の有病率は高く、有訴者は2700万人を超え、症状別有訴者率では男性で1位、女性で2位となっており、腰痛は国民的疾患といえます。また、腰痛は休業4日以上の職業性疾患の6割を占める労働災害でもあり、とくに社会福祉施設での腰痛発生件数は急増しています。

　介護業務中に生じる腰痛の発生要因の調べでは、単独で移乗介護を行った場合の発生率は、共同で行った場合の約3倍であり、とくにベッドから車いすへの移乗や入浴介助の際に発生しやすいことがわかっています。海外でも介助者の腰痛は大きく問題視されており、オーストラリアでは1983年に、人力のみで患者さんを移乗することを禁止する「ノーリフトポリシー」という指針が法制化されました。人力のみで「持ち上げる、運ぶ」といった動作を禁じ、積極的に福祉用具を使用するように制定されたもので、病院や福祉施設の各フロアには「This is a No Lifting Workplace」というポスターとともに床走行自動リフトが設置されています。日本では、約6割の施設で腰痛予防のための研修や教育がなされてはいるものの、ノーリフトポリシーを全国的規模で導入するまでには至っていません。

　本書では、介護現場におけるさまざまな状況を想定した介護技術が示されており、それらを少林寺拳法の技術を紐解きながら解説しています。「崩し」はバランスを変えて他者を楽に動かす技術として介護に応用され、「梃子の理」などは腰椎に負荷がかからない介護時の姿勢指導として理にかなったものです。持ち上げることなく他者を動かす技術は、腰痛予防の観点から介護の現場では必須となっており、病院、介護施設で働く人だけでなく、自宅介護の場でも実践の書といえます。

　特筆すべきは、麻痺のあるなし等、介助される人の状態に合わせた介護技術を示していることです。私も含めて"拳士"でない方たちには、本書を読んで"投げ"や"突き"を理解することは難しいかもしれませんが、多くの写真を使用して解説した介護技術は非常に理解しやすく、介助者の腰痛予防の観点からも推奨いたします。

※腰痛の有訴者数等は本書発行時のデータです。

第2章

介護技術の実践
転倒予防編

　介護の場で、最も危険なのは「転倒」です。
転倒事故を防ぐには、次の二つのことが重要です。
1.一つの動作から次の動作へ移る前に、
いったん体位を保持する。
2.横から支える際は、麻痺のある側に立つ。
座位の保持、立位の保持、転倒しない手引き歩行、
そして転倒しそうになったときの
とっさの対応を覚えておきましょう。

座位を保持して
転倒を防ぐ

ベッドで上体を起こして座ったあとは、立ち上がったり、車いすへ移乗
したりする前に、座った姿勢が安定するまで体を支えて保持します。転
倒を防ぐには、次の動作に移る前に間をおくことが重要です。

● 「正面から」と「側面から」の2パターンの支え方を紹介します。

座位の保持① | 正面から支える
下半身が安定しない人の介助に適しています。

① おなかの前で 腕を交差する

腕を交差すると**腹直筋、大胸筋**
（→P.36）が働かなくなるため、
むだな力が入らない。

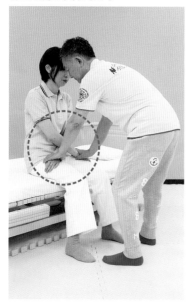

② 両足を閉じる

前腕をすねに添わせ、足をはさむよ
うにして両足を閉じる。

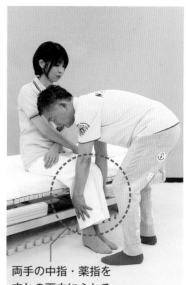

両手の中指・薬指を
すねの下方にふれる。

③ 両ひざで相手のひざをはさむ

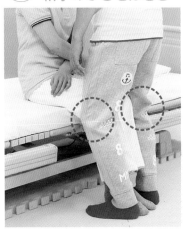

④ 肩甲骨を両手で支える

立ち上がりなどの動作に移る前に、座位が安定するまではこの姿勢を保持する。

前腕を相手の両肩におく。

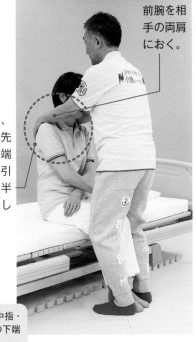

手首を曲げて、中指・薬指の先を肩甲骨の下端にふれ、軽く引いて相手の上半身をほんの少し前に傾ける。

背中側から見る

手首の力を抜き、中指・薬指の先を肩甲骨の下端にふれて軽く引く。

【掛手】を使う!

両手の中指・薬指だけで、ひっかけるようにふれることがポイント。手のひら全体で支えようとすると、相手の体に力が入ってしまい、安定しにくくなる。

座位の保持② | 側面から支える

上半身が安定しない人をしっかり支えられます。

① おなかの前で腕を交差する

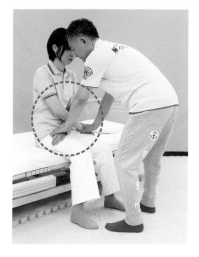

② 両足を閉じる

※ここまでは正面から支える場合と同じ。

③ ベッドに片ひざをつく

相手の骨盤にひざを密着させる。

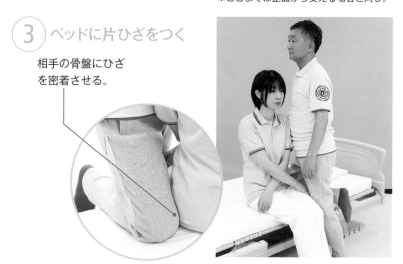

④ 相手の上半身をひねる

肩に指をふれて、相手の上半身を捻転して引き寄せる。

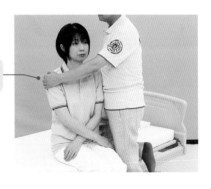

⑤ 背中と腕にふれる

腕の手のひら側を背中に沿わせる。

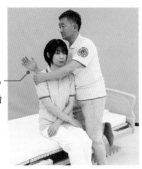

背中側から見る

ひじを肩甲骨の下に当てる。

指は三角筋（→P.36）にふれる。

⑥ 上半身を引き寄せる

中指・薬指を自分のみぞおちの方へ引き寄せる。すると、相手の上半身は45度捻転した状態で、介助者のおなかにしっかり固定される。

【運動神経の逆用】を使う!

体を捻転すると、それを戻そうとする力が働くため、その力を受けとめることで上半身が安定する。

中指・薬指で腕にふれる。

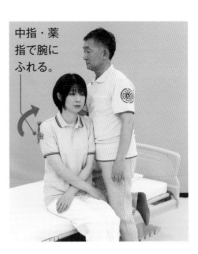

立位を保持して転倒を防ぐ

ベッドなどから立ち上がった直後は、体が不安定です。すぐに歩き出そうとしないで、いったん体を支えて、安定するまで保持することで、歩きはじめの転倒を防げます。

● 「正面から」「側面から」「背面から」の3パターンの支え方を紹介します。

立位の保持① | 正面から支える

ベッドから立ち上がった直後の基本の支え方です。

① 正面に立つ

足を肩幅に開いている。

頭が正三角形の頂点より前に出ると倒れてしまうので、介助者は立ち位置が離れすぎず、近づきすぎないように調整。

② 横を向き、相手の足の間に片足を入れる

相手に対して90度横を向く。

足も90度横に向ける。

【崩し】の逆用！

介助者の体は真横の方向には倒れにくいので、ぐらつかずに安定して相手を支えられる。

③ 腰にふれ、引き寄せる

指を下に向け、指を開いて
ふれると安定する。ふれる
位置は、背骨と骨盤の交点。

ふれるのはココ！

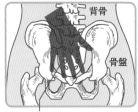

背骨と骨盤の交点

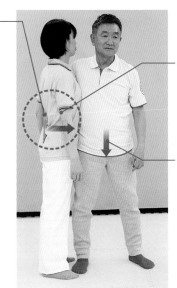

自分の骨盤の
方へ引き寄せ
る。

自分の体重が
相手側に偏っ
てしまわない
よう、まっす
ぐに立つ。

おなかと骨盤をつける！

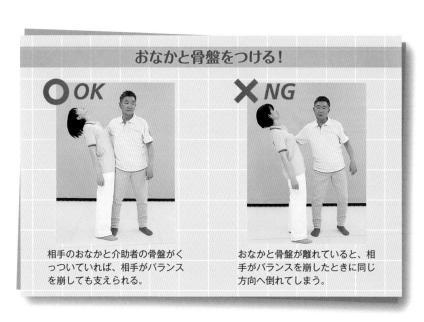

○OK

相手のおなかと介助者の骨盤がく
っついていれば、相手がバランス
を崩しても支えられる。

✕NG

おなかと骨盤が離れていると、相
手がバランスを崩したときに同じ
方向へ倒れてしまう。

立位の保持② | 側面から支える
歩行を介助する前に、まず横に立って支えます。

※片麻痺がある人の場合、介助者は麻痺がある側（患側）に立ちます。
　このことにより、相手が無意識に麻痺のある側の足を出してしまうの
　を防ぐことができます。

（1）麻痺がある側に立ち、骨盤にふれる

左に麻痺がある場合は、左側に立つ。

骨盤に中指・薬指でふれる。

【掛手】を使う!

2本の指で軽くふれると、相手にムダな力が入らない。

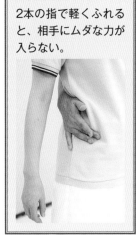

② 足と足をつけ、骨盤を引き寄せる

骨盤にふれた手を自分の腰の方へ引き寄せる。

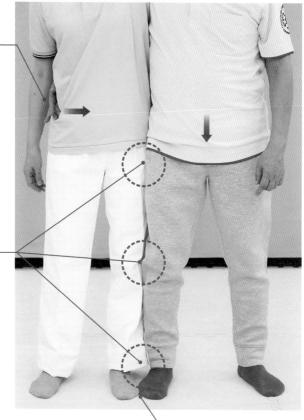

骨盤と骨盤をつけるようにし、ひざ、足首もできるだけ近くに寄せる。

麻痺がある側の足に、自分の足をつける。

ふれるのはココ!

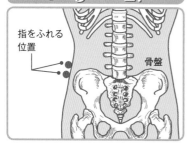

指をふれる位置

骨盤

③ 手を下側から支える

　親指・中指・薬指でリングをつくるようにして、相手の手のひらのつけ根に下からふれ、相手の指先の方向に軽く引く。

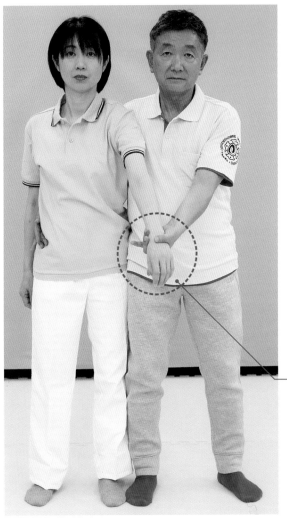

3本の指でふれて指先の方向へ軽く引くと、手が外れない。

④ 手を斜め下に引く

相手の手を斜め下方
向に引く。

**この技に
ヒントあり！**

腕十字（うでじゅうじ）

手首は強く握らず、軽
く掛手。
素早く相手の裏側に移
動し、安定した状態で
急所を攻める。

立位の保持③ | 背面から支える
洗面所の前に立つときなど、背面から支えたいときの方法です。

① 相手のかかとの後ろにつま先をつけて立つ

片麻痺がある場合は、麻痺がある側のかかとの後ろに、自分のつま先をつける。

② 相手の骨盤～おなかにふれて引き寄せる

手をまわして、中指・薬指で反対側の骨盤の出っ張り（届かない場合は骨盤に近いおなか）にふれ、自分のおなかに引き寄せる。

麻痺がある側の骨盤の後ろと、自分のおなかをぴったりくっつける。

足の位置はココ！

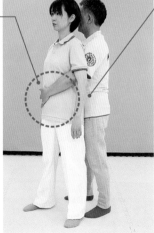

正面から見る

自分で歯を磨けることの意味

　私が左半身が麻痺していた時期は、さまざまな辛さがありました。いちばんの辛さは、一人ではトイレも食事もできないことです。

　日常生活のさまざまなことの中で、自分で歯を磨けないことは、それほど大きな問題だと思われないかもしれませんが、それは違います。きちんと磨きたいと感じる部分は、本人でなければわかりません。片手が使えるのなら、もちろん自分で磨きたいのです。

　片麻痺は、手足だけの問題ではなく、目や口、喉なども片側が動きません。麻痺のある側の目は瞬きができないので、点眼薬を頻繁にささなければなりません。口もきちんと閉じられないため、唾液が出ないようになり、口腔内が乾きます。唾液は口腔内を清浄する役割があるので、その分も口腔ケアをしっかり行わなければなりません。また、食べ物を飲み込むことも困難なので、誤嚥には十分に注意する必要があります。

　このページで紹介している「背面から支える」介助の仕方を覚えていただければ、介護が必要な人にとって、立っていることの不安や転倒における恐怖もなくなり、自分自身で歯を磨くことができ、精神面でも、口腔ケアの面でも大きな助けになります。

　介助者が片腕で相手を支えるだけで、どの方向にも倒れにくく、転倒の危険を減らせるこの介助法を、ぜひ実践していただきたいと思います。

根津良幸

車いすから立ったときの転倒を防ぐ

車いすから立ち上がってすぐは、体勢が定まらず、突然崩れ込むことが想定されますので、注意が必要です。支えられる準備をして、保持の状態に移りましょう。

車いすからの立ち上がり後｜正面から支える

とっさに崩れこんだときは、①のように正面から保持をします。

① ひじを曲げ、わきを締めて支える

【鉤手の理】を使う！

ひじを伸ばしたままだと強い力に耐えられないが、ひじを曲げてわきを締めることで、しっかり受けとめることができる。

わきの下に腕を差し込んでひじを90度曲げる。

胸と胸がつく。

この技にヒントあり！　上膊抜

両腕をつかまれても、鉤手守法を使えば安定した状態で身を守れる。

② 横を向き、腰を引き寄せる

　体の向きを90度変えて横を向き、相手の腰を引き寄せて体側で支える。この状態を保持して安定してから、次の歩行などの動作に移る。

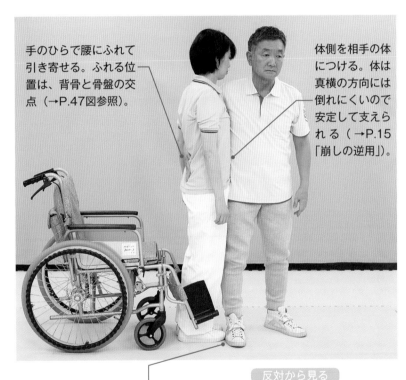

手のひらで腰にふれて引き寄せる。ふれる位置は、背骨と骨盤の交点（→P.47図参照）。

体側を相手の体につける。体は真横の方向には倒れにくいので安定して支えられる（→P.15「崩しの逆用」）。

片足を相手の足に対して真横に向けてつける。

反対から見る

転倒しない
手引き歩行

手や手首を握って歩行しようとすると、相手は1歩目が踏み出しにくくなり、前のめりになる危険があります。手引き歩行するときは、相手の上腕のひじ近くに軽くふれることがポイントです。
● 体が大きい人の手引きの仕方も紹介します。

手引き歩行① | 基本の手引き
介助者と介護される人が互いの腕にふれて歩行します。

① 正面に立つ

介助者も相手も足を肩幅に開いて立つ。

② 腕を下から支える

ひじの下にふれる
手のひらを上向きにして、相手のひじの下にふれ、前腕で相手の腕を下から支える。

前腕をまわして相手の手のひらをのせる
力を抜いてもらい、自分の前腕を外側にまわすと、相手の手のひらを自分の腕の上にのせることができる。

③ ひじをわき腹につける

左右からはさみ込むようにして、ひじをわき腹につける。こうすることで、相手の手首、ひじ、肩が自由に動かなくなり、歩く方向（「崩し」の方向）に誘導しやすくなる。

中指・薬指の腹で相手のひじの上にふれ、指先は背中につける。

前腕にふれてもらう。

④ 呼吸に合わせて引く

介助者は力を抜いて息を吸いながら、片足を１歩後ろに引く。歩くきっかけがつかめたら自然に呼吸する。

引くときは息を吸う（→ P.35 調息）

息を吸いながら後ろに下がると、相手も力を抜いたまま１歩目を前に出すことができ、スムーズに歩き出せます。

固めて、崩す

少林寺拳法では、各種の理法を使うことで、思い通りに投げたり倒したりすることが可能です。とくに「鈎手の理」をうまく使うと、相手の手首やひじ、肩の動きを封じ、「崩し」の操作をしやすくなります。

介護技術でもこの理をあてはめ、手首・ひじ・肩を固めることで、相手の体をラクに誘導することができます（→P.98参照）。

手引き歩行② | 体が大きい人を手引きする

介助者よりも背がかなり高い人を手引き歩行する方法です。

　背が高い人を手引きする場合、相手の手を下方向に引くと、相手は転倒しそうな感覚を覚えて、実際に転倒につながることがあります。相手に不安を与えない手引きの仕方で、転倒事故を防ぎましょう。

① 正面に立つ

介助者も相手も足を肩幅に開いて立つ。

② 相手の腕を肩にのせる

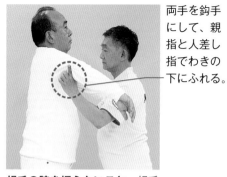

両手を鉤手にして、親指と人差し指でわきの下にふれる。

相手の腕を握らないこと。相手にも力を抜いてもらう。

前腕を手前に引いて、腕を肩にのせる。

③ 中指・薬指で骨盤にふれる

④ 呼吸に合わせて引く

介助者は力を抜いて息を吸いながら、骨盤にふれた2本の指を引くとともに、片足を1歩後ろに引く。すると、相手も力を抜いたまま1歩目を前に出せる。

反対側の足も同様に、息を吸いながら2本の指を引くとともに、1歩後ろに引く。歩くきっかけがつかめたら自然に呼吸する。

※引くときは息を吸いながら動作することがコツ（→P.35「調息」）。

鉤手で転倒を防ぐ

　ひじを90度に曲げて五指を開く「鉤手」は、転倒しそうになった人をとっさに受けとめて支える際にも役立ちます。介護の場で転倒につながりやすいのは、車いすから立ち上がった直後や、体が大きい人の歩行を介助するときなどです。

　鉤手にするだけで受けとめる力が倍増するので、介助者はぐらつくことなく、しっかり支えることができます。

車いすからの立ち上がりを介助した直後に、相手のひざが崩れたような場合も、わきの下に手を差し入れて鉤手にすることで、倒れ込むのを防ぐことができる。

⭕OK

体の大きい人でも、鉤手にするとしっかり支えることができる。

❌NG

背中を抱えると、力に耐えきれずに一緒に転倒してしまう危険がある。

 この部分を動画で見る

第3章

介護技術の実践
ベッドまわり編

介助者がベッドに片ひざをついたり、
相手のベッドとの接地面積を最小にして動かすなど、
ベッドまわりでの介助をラクにするさまざまな技術を紹介します。
介護される人の体が大きい場合や、麻痺がある場合、
ベッド柵を付けたままで行う介助など、
状況に合わせた介助法も活用してください。

寝返りを介助する（体位交換）

寝返り（体位交換）の介助は、従来の方法では、介助者の腰に大きな負担をかけます。ベッドに片ひざをつく介助法に変えれば、腰への負担をグッと軽減することができます。

● 「基本」と「ベッド柵がある場合」の2パターンを解説します。

■ 自分で寝返りをするときの動きを参考にする

はじめに、筋力の弱い人が自分で寝返りをするときの動作を見てみましょう。この動作を補助するような動きにすることが、小さな力でラクに介助を行うポイントです。

① 仰向けに寝ている

② 両ひざを立てる

筋力が弱い人の場合、ひざを立ててから体をひねる。

③ 両ひざを片側に倒す

ひざを倒して、下半身をひねる。

④ 上半身を回す

ひねりを戻すように、上半身をひざと同じ側に回すと、体が横向き（側臥位）になる。

体位交換① | 基本の寝返りの介助
P.63～69まで4つの段階に分けて詳しく解説します。

① ベッドに片ひざをつく

片ひざをつくことで介助の支点が腰からひざに移り、腰に負担をかけずにすむ。

※片ひざをつく位置は、介助しやすい位置へ、その都度移動していく。

胸の位置にひざをつき、ここを支点にする。

【梃子の理】を使う!

支点を適切な位置におくと、大きなものを小さな力で動かすことができる。

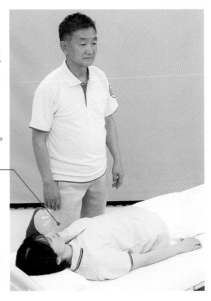

片ひざをつかないと、腰が支点になる!

✕ NG

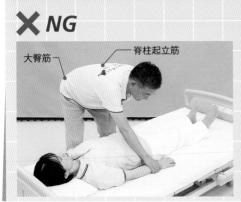

大臀筋

脊柱起立筋

普通に両足を床につけて行おうとすると、必然的に前かがみになります。すると、腰が動作の支点になり、背中の**脊柱起立筋**やお尻の**大臀筋**に大きな負担がかかり、腰痛の原因となります。前かがみにならないこと、腰を支点にしないことが腰を痛めないためのポイントです。

② 腕を交差する

　上半身に力が入らないようにするのと同時に、ベッドとの接地面積を小さくするための手順です。❶〜❹の手順で腕を交差します。

❶手首にふれる。
親指・中指・薬指でリングをつくるようにして、手首にふれる。そのまま相手の指先の方向に軽く引くと、手が外れない。

親指・中指・薬指でふれる。

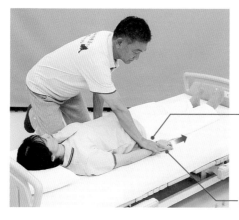

【掛手】を使う!

5本の指でしっかりつかむと相手は緊張して体に力が入るが、3本の指だけでふれると、力を抜いたままでいられる。

相手の指先の方向に軽く引く。

❷腕を引いて肩の位置まで上げる。

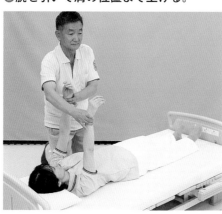

相手のひじを伸ばしたまま、弧を描くように引きながら、手を肩の真上までふわっと上げる。

❸肩の位置で腕を交差する。

上げた腕をそのまま交差する。
こうすると、相手の大胸筋や腹
直筋が働かなくなるので、上半
身にムダな力が入らない。

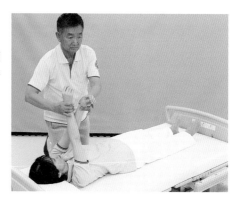

❹手首をおろす。

交差した手を肩につけるように
おろすと、両ひじは自然に曲が
り、両肩が少し浮く。肩が浮く
ことでベッドとの接地面積が小
さくなり、体が移動しやすくな
る（→P.24「車の理」）。

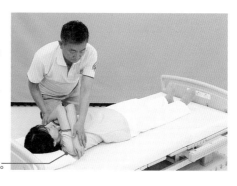

肩が浮き、ベッドとの
接地面積が小さくなる。

おなかで腕を組むと、ひじがつっかえる

✖NG

相手の両腕をおなかの
上で組むと、引き寄せる
ときにひじがひっかかっ
てしまいます。そうなら
ないためにも、肩の位置
で腕を交差することが大
切です。

③ 両ひざを引いて立てる

下半身を回転しやすくするために、接地面積を小さくします。❶〜❸の手順でひざを立てます。はじめに、相手の足側に移動して、片ひざをつき直します。

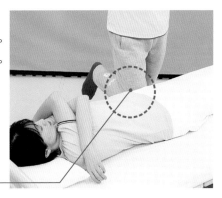

片ひざを動作しやすい位置につき直して支点にすることで、腰への負担を減らす。

❶ひざの裏に中指・薬指でふれる。

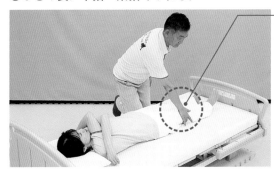

手首は伸ばす。

ひざを立てるため、まず奥の足のひざ裏にふれる。

ふれるのはココ!

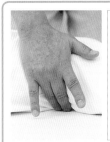

ひざを引くときに、中指・薬指でふれる場所は、ひざ裏の中央よりも、ややふくらはぎ寄り（下側）です。ここを斜め45度上に引くと、ふくらはぎの腓腹筋、太ももの大腿二頭筋、半腱様筋、半膜様筋が働くため、少ない力でひざを曲げることができます。

❷奥側のひざを引いて立てる。

腕を斜め45
度の角度に引
いて、ひざを
立てる。

手首は伸ば
したまま。

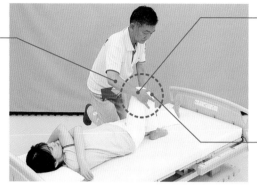

すねに手を
添える。

❸手前側のひざも立てる。
同じように❷の方法でひざを
立てる。

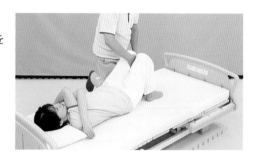

手首を曲げると、腰に負担がかかる！

✕ *NG*

手首を曲げると、背中を丸め
ることになり、腰に負担がかか
ります。また、手首やひじを曲
げる筋肉を使うため、小さな筋
肉にも負担をかけます。
　手首を伸ばしておくことによ
って、背中をまっすぐにしたま
ま、大胸筋などの大きな筋肉を
使って相手のひざを引けるので、
腰、手首、ひじへの負担が最小
限ですみます。

④ ひざ、肩を手前に引く

　相手の胸の方へ移動して片ひざをつき直し、先に下半身を回転し、次に上半身を回転して寝返りを完了します。

❶肩甲骨とひざの外側にふれる。

片ひざは、相手の胸近くのベッドにつける。

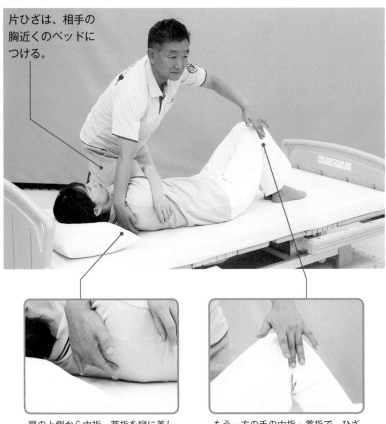

肩の上側から中指・薬指を縦に差し込み、肩甲骨にふれる。

もう一方の手の中指・薬指で、ひざの外側にふれる。

❷ひざにふれた手を軽く引く。

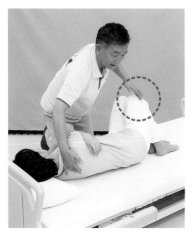

❸下半身が先に捻転する。

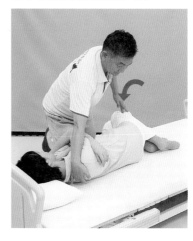

❹肩甲骨にふれた手を引く。

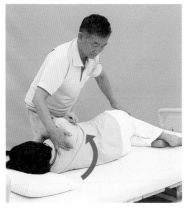

❺寝返りが完了。

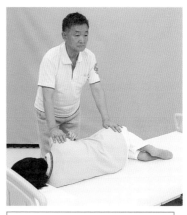

【運動神経の逆用】を使う!

まず下半身を捻転させると、それを戻そうとする力が働いて、上半身の向きをラクに変えることができる。振子突(→P.27)などで用いられる。

※このまま5秒ほど、側臥位を保持する(→P.72)。

体位交換② | 奥側への寝返りの介助
介助者が立っているのとは反対側へ寝返りをする方法です。

①〜③までは、P.63 ①「ベッドに片ひざをつく」〜 P.66 ③「両ひざを引いて立てる」と同様に行います。

④ 手前側の肩甲骨、ひざにふれる

両ひざを立てたあと、相手の胸の方へ移動して片ひざをつき直し、肩甲骨とひざの外側にふれる。

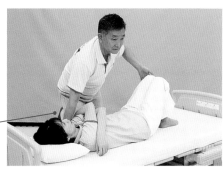

片ひざは、相手の胸近くのベッドにつける。

肩の上側から中指・薬指を縦に差し込み、肩甲骨にふれる。

もう一方の手の中指・薬指で、ひざの外側にふれる。

⑤ ひざ、肩甲骨の順に奥へ押す

ひざを軽く押すと、下半身が奥の方向へ捻転する。続いて、肩甲骨を軽く押すと、上半身が回転してねじれが戻り、寝返りが完了する。

下半身を先に捻転させる。

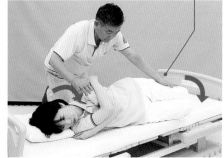

体位交換③｜ベッド柵があるとき
ベッド柵をしたままで寝返りの介助をする方法です。

① 奥側の手を上にして、おなかの上で腕を交差する

② 相手のすねの近くに片ひざをつく

③ 手首とひざにふれる

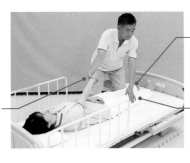

親指・中指・薬指でリングをつくるようにして、手のひら側から手首にふれる。

手首を伸ばす。

中指・薬指でひざの外側にふれる。

④ 手首とひざを手前に引く

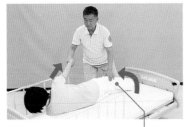

手を引き寄せたあとで、ひざを引き寄せる。

⑤ 寝返りが完了

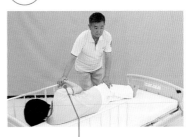

ベッド柵をつかんでもらうと側臥位が安定する。

側臥位を保持する

寝返りを介助して横向きになったあと、仰向けに戻らないようにするには、腕のつけ根と骨盤の2点で支えて保持します。そのあと、体位交換枕などを入れましょう。

腕のつけ根と骨盤にふれる

それぞれ手のひらでふれて、側臥位の姿勢が安定するまで、5秒ほど支える。

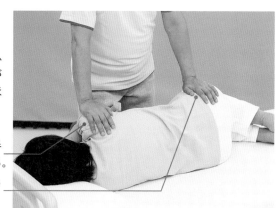

腕のつけ根に手のひらでふれる。

骨盤に手のひらでふれる。

1点だけを押さえると、仰向けに戻ってしまう

✕ NG

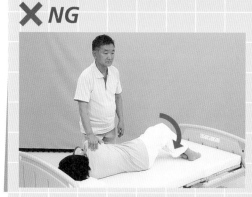

側臥位にしたあと、肩だけを押さえてすぐに体位交換枕を入れようとすると、足側が仰向けに戻ってしまい、上半身も支えられなくなります。上の方法で2点を支えて、安定するまで待ちましょう。

体位交換枕を入れる

側臥位の姿勢が安定したら、背中に体位交換枕を入れます。

① 片ひざをつき、2点を支える

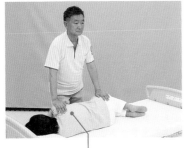

相手のおなかの位置で片ひざをつく。

ひじ頭を相手の背骨にふれる。

② ひじを曲げて背中にふれる

ひじを90度曲げ、手のひらを上向きにする。

【鈎手の理】を使う!

ひじを曲げると力に耐えてしっかり受けとめられる。

③ 前腕の手のひら側で支える

枕をとるために片手を骨盤から放すときは、前腕を内側に回し、手のひら側の前腕全体で相手の上半身を支える。

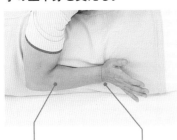

前腕全体を背骨に沿わせる。

手首を反らせると、手のひら側の筋肉が張り、しっかり支えられる。

④ 体位交換枕を入れる

片方の腕だけで相手の姿勢を保持できるので、もう一方の腕で体位交換枕を入れる。

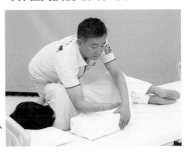

ベッドでの抱き起こし

ベッドに片ひざをつき、相手のお尻（坐骨）を支点にして回転させると、スムーズに上体を起こすことができます。
● 「基本」「体が大きい人」「ベッド柵がある」「背上げ機能を使う」の例を解説します。

抱き起こし① | 基本の起こし方
P.74〜77まで6つの段階に分けて詳しく解説します。

① ベッドに片ひざをつく

※片ひざをつく位置は、介助しやすい位置へ、その都度移動していく。

胸の位置にひざをつき、ここを支点にする。

【梃子の理】を使う!

支点を適切な位置におくと、大きなものを小さな力で動かすことができる。

② 腕を交差する

❶相手の腕を引いて肩の位置までまっすぐ上げたあと、交差させる。

親指・中指・薬指でリングをつくるようにして、手首にふれ、相手の指先の方向に軽く引く（→P.30「掛手」）。

❷交差した手を肩につけるようにおろす。

③ 両ひざを引いて立てる

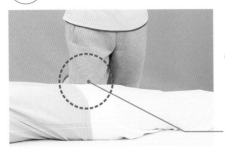

相手のひざの位置に移動して、片ひざをつき直し、❶〜❸の手順でひざを立てます。

相手のひざの近くに
片ひざをつく。

❶ひざの裏に中指・薬指でふれる。

ふれるのはココ!

中指・薬指でふれる場所は、ひざ裏の中央より、ややふくらはぎ寄り（下側）。

❷腕を斜め45度の角度に引いて、ひざを立てる。

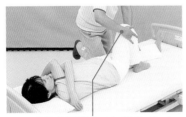

手首を伸ばすことがポイント。手首を曲げると背中を丸めることになり、腰に負担がかかる。

❸もう一方のひざも立てる。

反対側の足も❶❷の方法でひざを立たせる。

※①〜③の手順は、P.63〜67でも詳しく解説しています。

④ 肩の後ろに腕を差し入れる

相手の肩とひざにふれるために、再び胸の位置に移動して、ベッドに片ひざをつき、腕を❶～❷の手順で肩の後ろに差し入れます。

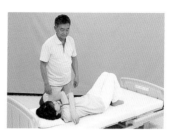

❶奥の肩に中指・薬指でふれ、手前に引く。肩が上がり、ベッドとの間にすき間ができるので、手のひらを下にして腕を深く差し入れる。

ひじが頭に届くまで深く腕を入れる。

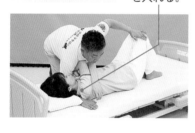

❷親指が天井を向くように90度回す。

使うのはココ！

手首からひじの間の部分で、親指側の線である「内腕刀」を使う。手首を曲げずに五指を張ることで、力がみなぎる。

⑤ もう一方の手でひざの外側にふれる

⑥ 肩とひざを引いて、回す

❶～❷の手順で、相手を
図のように回転させて上体
を起こします。

支点

❶肩にふれた腕を回しながら、
　ひじを曲げて自分の反対の肩
　の方向へ引く。同時にひざに
　ふれた手も軽く引く。

❷腕を引いていくと、相手は介
　助者側の坐骨を支点に回転し
　ながら起き上がる。

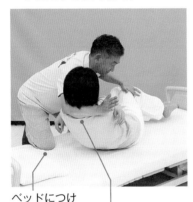

ベッドにつけ
たひざを支点
にして上半身
を起こす。

親指を左肩につけるよう
に、ひじを曲げていく。

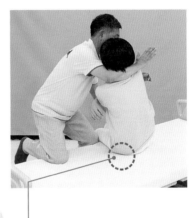

左の坐骨が支点になる。

【鉤手の理】を使う!

強い力に耐えられる、ひじを
90度曲げた「鉤手」の形を
つくって相手を動かす。

【車の理】を使う!

コマの軸のように、接地面積
を小さくすることで容易に回
転させることができる。

この部分を
動画で見る

※このあと、座位を保持する（→P.42）。

抱き起こし② | 体が大きい人を起こす

① ベッドに片ひざをつく

　片ひざをつくことで介助の支点が腰からひざに移り、腰に負担をかけずにすむ（→P.22「梃子の理」）。

※片ひざをつく位置は、介助しやすい位置へ、その都度移動していく。

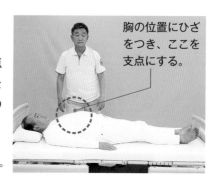

胸の位置にひざをつき、ここを支点にする。

② 腕を交差する

　相手の腕を交差することにより、上半身に力が入らないようにするのと同時に、ベッドとの接地面積を小さくできる。

❶親指・中指・薬指でリングをつくるようにして、手首にふれ、相手の指先の方向に軽く引く（→P.30「掛手」）。相手のひじを伸ばしたまま、そのまま弧を描くように引き、手を肩の真上までふわっと上げる。

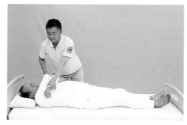

❷上げた腕を肩の位置で交差し、その手を肩につけるようにおろす。

③ 相手のひざの
位置に移動して、
片ひざをつき直す。

相手のひざの近くに片ひざ
をつく。

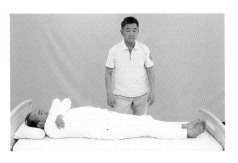

④ 両ひざを引いて立てる

相手の奥側のひざ裏に中
指・薬指でふれ、斜め45度
の角度に引いて、ひざを立て
る。次に手前側のひざも同じ
ように立てる。

ひじを曲げながら斜
め45度上に引く。

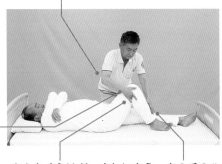

手首は伸ば
しておく。

ひざ裏の中央よりも、ややふくらはぎ
寄り（下側）に中指・薬指でふれる。

すねにもう一方の手のひ
らを添えるとスムーズに
ひざを曲げられる。

この技に
ヒントあり！

おさえかんぬきなげ
押門投

相手の突き攻撃を受けとめ、そのまま投げ返す技。強く握ると
反発されるため、掛手を使い、関節の動きに逆らわず投げ飛ばす。

手首を曲げずに、ひじを引く

⑤ 腕をひざ裏に差し入れる

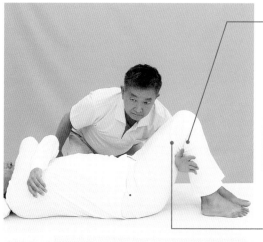

親指を上向きにして腕を深く差し入れる。

【鉤手の理】を使う!

ひじを90度に曲げ、五指を張ると、小さな力で大きな力に対抗できる。

内腕刀（前腕の親指側の側面）で支える。

⑥ 左腕を回し引く

親指を相手の奥の肩に近づけるように引き、お尻を浮かせる。

手のひらを下向きにする。

お尻が浮く。

⑦ もう一方の腕を肩の下に差し入れる

肩の下に深く差し入れ、内腕刀で支える。

親指を上向きにする（鈎手）。

⑧ 肩とひざを手前に引いて、上体を起こす

❶ベッドについたひざを支点にして、肩の下に入れた腕を手前に引きながら、相手の上半身を起こす。重心はベッドについたひざから、もう一方の足の方に移していく。

❷ひざ裏を支えた腕を手前に引くと、相手は手前側の坐骨を支点にして回り、起き上がる（→P.24「車の理」）。

肩を抱かずに、完全に起き上がるまで一気に回転させる。

45度まで起き上がると、支点は相手の下の坐骨に移る。

※このあと、座位を保持する （→P.42）。

この部分を動画で見る

第3章　介護技術の実践　ベッドまわり編　抱き起こし（体が大きい人）

抱き起こし③ | ベッド柵がある（その1）
ベッド柵をしたままで上体を起こす介助をする方法です。

※２通りの介助法を紹介します。介助する人・される人の両者の状況に
合わせて、やりやすいほうを実践してください。

① ベッドに片ひざをつく

相手のひざの位置に立ってひざをつく（→P.22「梃子の理」）。

ベッドについたひざを
支点にする。

介助者が右手で引く
場合、写真のように
右手を上にしてもら
う。逆にすると手が
外れる恐れがある。

② 両ひざを引いて立てる

P.75❶〜❸と同じ方法で
ひざを立たせる。

③ 両手のひらを合わせてもらう

ぎゅっと握らず、親指を軽
く組んでもらうだけでよい。
握力が弱い人でも問題ない。

④ 手と足首にふれる

❶ ベッドについたひざを相手のつま先近くに移動し、相手の手にふれる。

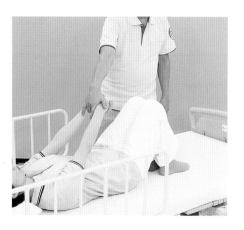

❷ 左右の手を広げて、一方の手で相手の手にふれ、もう一方の手でベッドのフットボードを持ち、やじろべえのようにバランスをとる。

合わせた手の上に自分の手のひらを当て、下側の手の手首近くに中指・薬指を曲げてふれ、軽く引く。こうするとフックがかかり、腕を引いたときに手が外れない。手の下側から指を入れると相手の手が外れるので、必ず上からふれる。

左ひざを支点にして「梃子の理」（→P.22）を使う。

❸ バランスがとれたら、フットボードから手を放して、相手の足首の前面にふれる。

⑤ 足首を押さえつつ、手と足首を引く

❶手と足首にふれて準備する。

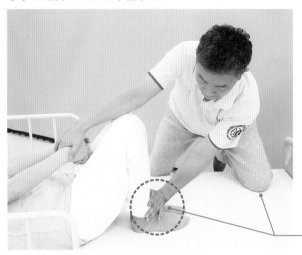

ベッドについた
ひざと、足首を
押さえた手を支
点にする。

❷手にふれた腕のひじを曲げて、腕を相手のひざの位置まで引く。

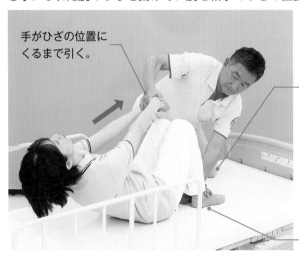

手がひざの位置に
くるまで引く。

相手の上体が持
ち上がってきた
ら、介助者はひ
ざをベッドから
おろして足を床
につく。

足首をベッドに
押しつけるよう
にする。

⑥ 足を浮かせて、回す

❶手にふれた腕を手前に引き、相手の足を浮かせ気味
にし、坐骨を支点にして回す。途中で止めずに一気
に回転させることがコツ（→P.24「車の理」）。

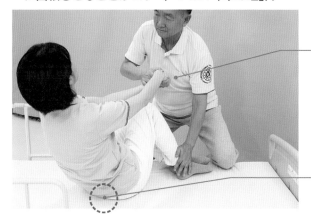

― 自分の方へ引く。

介助者側の坐骨
を支点にして回
す。

❷90度回ったら、足をおろす。

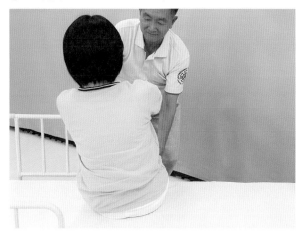

※このあと、座位を保持する（→P.42）。

抱き起こし④ | ベッド柵がある（その2）

① ベッドに片ひざをつく

相手のひざの位置に立ってひざをつく（→P.22「梃子の理」）。

ベッドについたひざを支点にする。

② 両ひざを引いて立てる

P.75❶〜❸と同じ方法でひざを立てる。

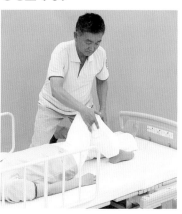

③ 左右のひじに手のひらを当ててもらう

ひじから上腕のあたりに手のひらを当ててもらう。力を入れたり、手を組んだりする必要はない。

④ 腕とすねにふれる

❶ 下から手を入れて、中指・薬指を曲げて前腕にふれる。こうすると腕を引いたときに手が外れない。

❷ 一方の手で相手の腕にふれ、もう一方の手ですねにふれられるように、ひざの位置を微調整する。

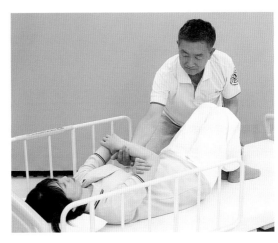

❸ すねに前腕を当てる

手首を反らせて押しつけ、固定する。

⑤ すねを押さえながら腕を引く

ベッドについたひざ
と、すねを押さえた
前腕を支点にする。

❶腕とすねにふれて準備する。

❷右腕を自分の方へ引く。

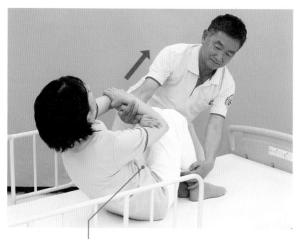

相手の上半身を起こす筋肉が協力して
働き、わずかな力で上体を起こせる。

⑥ 足を浮かせて、回す

❶左手を足首に軽くふれて腕を手前に引き、坐骨を支点にして回す
（→P.24「車の理」）。

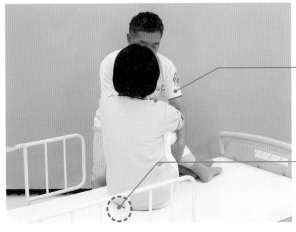

相手の上体が持ち
上がってきたら、
介助者はひざをベッ
ドからおろして
足を床につく。

介助者側の坐骨を
支点にして回す。

❷90度回ったら、足をおろす。

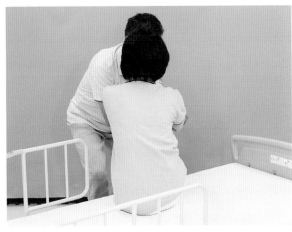

※このあと、座位を保持する（→P.42）。

抱き起こし⑤ | 背上げ機能を使う

ベッドに背上げ機能があれば、ぜひ活用してください。

※あらかじめベッドを起こしておき、上半身を回転させます。

※ここでは、左側に麻痺がある人の例で解説します。

---

① おなかの前で腕を交差する

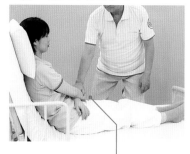

親指・中指・薬指でリングをつくる
ようにして、相手の手首にふれて交
差する（→P.30「掛手」）。

② ベッドに片ひざをつく

相手のひざの近くに立ってベ
ッドに左ひざをつく（→P.22
「梃子の理」）。

③ 両ひざを引いて立てる

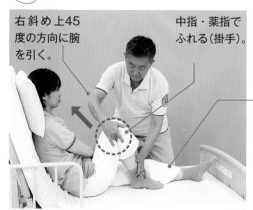

右斜め上45
度の方向に腕
を引く。

中指・薬指で
ふれる（掛手）。

右のひざ裏に中指・薬
指でふれ、右斜め上45
度の方向に腕を引いて、
ひざを立てる。左ひざも
同様に立てる。

ベッドについたひざ
を支点にする。

下半身をコンパクトに
まとめることで、介助
者の腰への負担を軽減
できます。

④ 上腕と外くるぶしにふれる

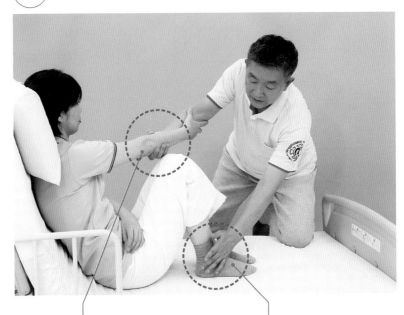

麻痺のない右腕にふれる。　　**右足の外くるぶしを包むようにふれる。**

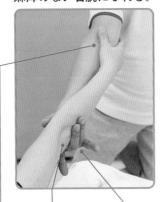

中指・薬指でふれる。

上腕にふれて　　右腕のひじ頭　　親指・中指・
もらう。　　　　上部を手のひ　　薬指でふれる。
　　　　　　　　らで支える。

手首は曲げない。
手首を伸ばすこと
で、体幹の筋肉を
使って腕を引くこ
とができる。

⑤ 左右の腕をほぼ同時に引き寄せる

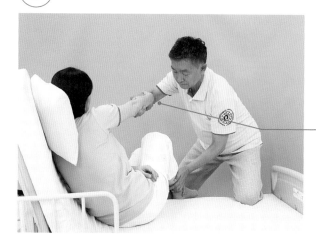

左腕は、かかとがベッドから浮き気味になるように引く。

⑥ 足裏が浮き、坐骨を支点に回りながら起き上がる

介助者側の坐骨を支点に、「車の理」（→P.24）を使ってラクに体を回すことができる。

90度回ったら、足をおろす。途中で止めずに一気に回転させることがポイント。

※このあと、座位を保持する（→P.42）。

座位の保持

　上体を起こしてベッドに座ったあとは、その姿勢が安定するまで体を支えることが大切です。すぐに次の動作へ移ろうとすると、体がぐらつきやすく、転倒につながる危険があるためです。

正面から支える（→P.42で詳しく解説）

側面から支える（→P.44で詳しく解説）

ひじを肩甲骨の下に当てる。

手首を曲げて、中指の先を肩甲骨の下端にふれ、軽く引いて、上半身を少し前に傾ける。

前腕を相手の両肩におく。

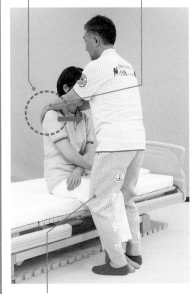

両ひざで相手のひざをはさむ。

腕の手のひら側を背中に沿わせる。

中指・薬指で腕にふれ、自分のみぞおちの方へ引き寄せる。

立ち上がりを
介助する

従来の介助法とは異なり、肩に腕を回してもらう必要がなく、介助者も相手も負担が少ない「基本の立ち上がりの介助」から紹介します。
●基本のほか、「介護度が中程度」「足の筋力が弱い」「麻痺がある」「腕が上がらない」「麻痺があり腕が上がらない」場合の介助法を解説します。

自分で立ち上がるときの動きを参考にする

　はじめに、人が自分で立ち上がるときの動作を見てみましょう。筋力が弱い人ほど、上半身を一度前傾させてから、起こす動きになります。P.98「崩しの応用」も参考にしてください。

① 足を肩幅に
開いて座る

② 上半身を前傾し、
頭を前に出す

③ ひざに両手をおき、
腰を浮かせる

筋力の弱い人は
ひざに手をおい
てその手を支点
にし、腰を浮か
せる。

④ 立ち上がる

ひざを伸ばし、
上半身を起こし
て立ち上がる。

ベッドから立ち上がる① | 基本の立ち上がり

① 足を肩幅に 開いてもらう

立ち上がったときに体が安定するように、両足を肩幅に開いてもらう。自分で足を開けない人には、介助者がすねの内側に前腕を沿わせ、横にすべらせるようにして足を開く。

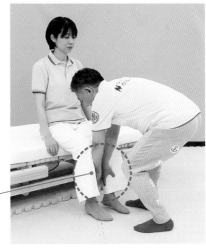

両すねの内側に前腕を沿わせ、横にすべらせる。

② 足を前後に 開いて立つ

介助者は足を前後に開き、前の足を相手の足の間に深く入れる。

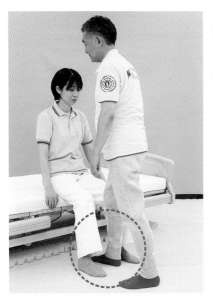

③ 腕を下から支える

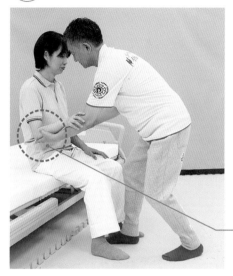

手のひらを上向きにして、相手のひじの下にふれ、前腕で相手の腕を下から支える。
相手には腕に手のひらをのせてもらうが、自分でできない人には力を抜いてもらい、自分の前腕を外側に回すと、自然にのせることができる。もう一方の腕も同様にして下から支える。

ひじを支点に、外回しに小さな円を描くように前腕を回すと、相手の手のひらが自分の腕にのる。

④ ひじを、わき腹につける

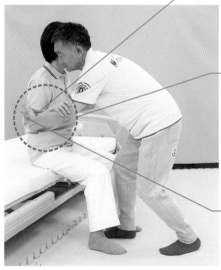

両手を、相手のひじの横に移動させ、左右からはさみ込んで、両腕をわき腹につける。こうすることで、上半身が安定する。

腕全体で左右から締めるように固定する。手首、ひじ、肩が固定するため、相手の上半身を操作しやすくなる。

中指・薬指で背中にふれる
（→ P.30「掛手」）。

⑤ 後ろに1歩下がる

❶介助者が上半身を後ろに引くと、相手の上半身が前傾するので、頭の位置がひざより前に出るまで引く。

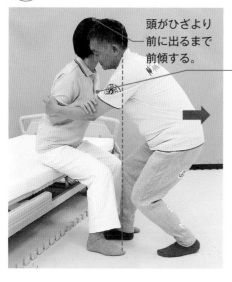

頭がひざより前に出るまで前傾する。

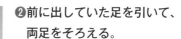

上半身を真正面に前傾する。

【崩し】の活用!

「倒れやすい方向である正面」に前傾すると、体重が移動してラクに立ち上がることができる（→次ページ「崩しの応用」参照）。

❷前に出していた足を引いて、両足をそろえる。

床と平行に、腰と肩を真後ろに引く。

相手の太ももの前面の筋肉の力を借りられるので、少しの力で立ち上がりを介助できる。

※このあと、立位を保持する（→P.46）。

崩しの応用

少林寺拳法の「崩し」

　人は座っている状態から立ち上がる際には、必ず上体が前傾姿勢になります。これは、重い頭を基底面からいったん外すことで重心が移動するため、結果的に脚の伸展動作を助ける意味がありますが、そこには安定と安定の間に少なからず不安定な状況が発生していることに注目しましょう。

介護への「崩し」の応用

　手首を腕にのせてもらい、ひじをわき腹に密着させると肩が固定され❶、上の②と同じ状態になります。そのまま引き寄せると固定された上体は前傾姿勢となります❷。

少林寺拳法では、鈎手守法などを使って相手を固定化させ、重心を操作します。たとえば、下のように相手が両手を取ってきた場合①、鈎手守法で相手の手首、ひじ、肩を固めます②。そのまま相手のバランスが保てるラインまで崩し③、相手の重心が落ちてきたところに、支えとなっていた自分の位置を外すと④⑤、相手の身体は自然に倒れ込んでいきます⑥。

　あとは後ろに引き下がるだけで重心が移動し❸、上の③のように前のめりに崩れ、お尻が浮いてきます。
　少林寺拳法では支えとなる自分が外れることで相手を投げ飛ばしますが、介護技術ではそのまま待ち構えるだけで立位が保持されるのです❹。

ベッドから立ち上がる② | 介護度が中程度

片麻痺がなく、バランスを崩しにくい人の立ち上がりを介助する方法です。

① おなかの前で腕を交差する

相手の両腕をおなかの前で交差すると、ムダな力が入らずにすむ。

右ページ③で介助者が右足を前に出す場合は、右腕が上にくるように交差しておくと、④の立ち上がりが安定する。

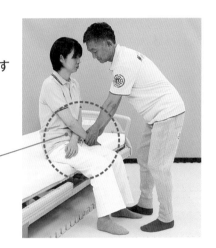

② 相手のひざを両足ではさむ

❶両手の前腕をすねに沿わせて、左右からはさみ込むようにして足を閉じる。

❷閉じた両足を左右からはさみ込む。

両ひざで相手のひざをはさみ込むと、相手の左右のひざがついて、下半身がまとまる。

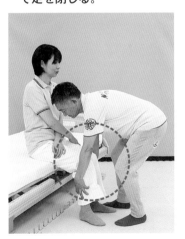

③ わきの下にふれる

　両わきの下に中指・薬指を差し込み、相手の腕を手のひらで左右からはさむようにする。肩が固定され、前へ崩す操作がしやすくなる。

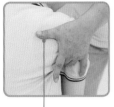

わきの下に入れた中指・薬指の関節を曲げる。このことで手が外れにくくなる。

親指は背中にふれる。

ひじは伸ばしておく。

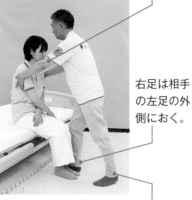

右足は相手の左足の外側におく。

片足（この場合左足）を後ろに1歩引き、立ち上がりの準備をする。

④ 後ろに1歩下がる

❶介助者が上半身を後ろに引くと、相手の上半身が前傾するので、頭がひざより前に出るまで引く（→P.98「崩しの応用」）。

❷前に出していた足を引いて、両足をそろえる。

床と平行に、腰と肩を真後ろに引く。

相手の太ももの前面の筋肉の力を借りられるので、少しの力で立ち上がりを介助できる。

※このあと、立位を保持する（→P.46）。

ベッドから立ち上がる③ | 足の筋力が弱い

足の筋力が弱く、介護度が高い人の立ち上がりを介助する方法です。

※腕が上がらない場合はP.106の方法を参考にしてください。

1 肩に腕をまわしてもらう

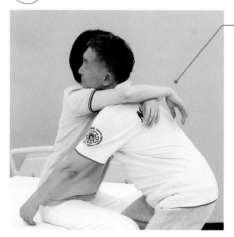

できれば手を交差
してもらうと、腕
が肩から外れない。

2 相手の足の間に片足を入れる

足を肩幅に開いてもらい、
介助者は足を前後に開いて、
前の足を両足の間に深く入れ
る。相手が自分で足を開けな
い場合は、P.95の方法で開
く。

相手のかかとより
奥まで足を入れる。

③ 坐骨にふれて、上半身を前傾

腰を落として坐骨に手をふれ、相手の上半身を前傾する。立ち上がりの最初に坐骨を引き上げるように介助すると、太ももの筋肉が弱い人でもラクに立ち上がれる。

指の関節を曲げて、両手の中指・薬指で左右の坐骨にふれる。

前後に開いた足の中央に腰を落とす。

④ 後ろに1歩下がる

❶自分の腕を引き寄せ、体重を後ろに平行に移す。

❷後ろの足に体重がかかったところで、前の足を引いて1歩下がる。相手は介助者の胸を支えに立ち上がる。

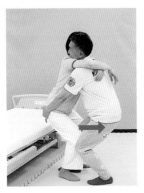

持ち上げようとせずに、後ろへ下がることがポイント。

※このあと、立位を保持する（→P.46）。

ベッドから立ち上がる④ | 麻痺がある

足の筋力が弱く、麻痺がある人の立ち上がりを介助する方法です。

※腕が上がらない場合はP.106の方法を参考にしてください。

① 肩に腕をまわしてもらう

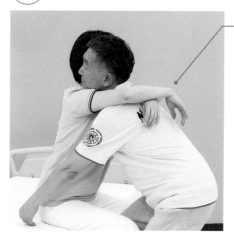

できれば手を交差し
てもらうと、腕が肩
から外れにくい。

② 相手の足の間に 片足を入れ、腰を落とす

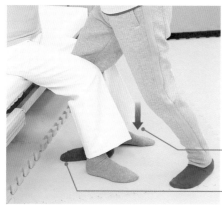

足を肩幅に開いてもらい、
介助者は足を前後に開いて、
前の足を両足の間に深く入れ
る。相手が自分で足を開けな
い場合は、P.95の方法で開
く。

前後に開いた足の
中央に腰を落とす。

相手のかかとより
奥まで足を入れる。

③ 内腕刀で背中にふれる

手のひらを下に向けて、内腕刀（前腕の親指側の側面）と親指で背中にふれ、引き寄せる。

右足を前に出した場合は、左手を上にしてふれると、相手の上半身が捻転しないで安定する。

ふれるのはココ！

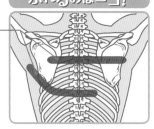

肩甲骨に内腕刀でふれると、相手の上半身にムダな力が入らずにすむ。

④ 後ろに1歩下がる

持ち上げようとせずに、ただ後ろへ下がることがポイント。

❶自分の腕を手前に引き寄せ、相手の上半身を起こす。

❷前の足を引いて1歩下がる。相手は介助者の胸を支えに立ち上がる。相手の立ち上がる力も借りるので、介助者は腰に負担がかからない。

※このあと、立位を保持する（→P.46）。

ベッドから立ち上がる｜腕を肩にのせる❶
腕が上がりにくい人に、肩に腕をまわしてもらう方法です。

① わきの下に腕を伸ばして入れる

「前へならえ」をするように、相手のわきの下に腕を伸ばして入れる。

背中側から見る

ひじがわきより奥までいくように入れる。

② ひじを左右に広げる

相手の肩の高さで、両ひじを左右に張りながら、前腕を手前に引いてひじを曲げる。

手のひらが下に向くように腕を内側に回しながら前腕を引く。

③ ひじを前に伸ばす

相手のひじが落ちないように、自分のひじの高さを下げずに、腕を外側に回しながら前に伸ばす。これで相手の両腕を自分の肩にのせることができる。

ベッドから立ち上がる｜腕を肩にのせる❷

片麻痺がある人などに、肩に腕をのせてもらう方法です。

① わきの下に手を入れ、上腕を広げる

背中側から見る

相手のひじが肩の高さにくるまで上げる。

腕の下に人差し指でふれ、左右に広げて支える。

② ひじを曲げ、親指を引く

ひじを曲げて、親指を自分の肩につけるように引く。このとき相手に力を抜いてもらうと相手の腕が上がりやすくなる。

手首と指を伸ばす。

ひじを曲げて引くとき、相手の腕を支える場所が、人差し指から親指に変わる。

【鉤手の理】を使う!

ひじを90度曲げ、手首を曲げず、指を開いた鉤手にすると、相手の腕を安定して操作できる。

③ 親指で相手の腕を肩にのせる

親指で相手の腕を支えながら、ゆっくりと自分の肩にのせる。

親指はしっかり伸ばす。

ベッドに座る、寝る

立位からベッドに座るときと、座った状態から寝かせるときの介助法です。相手に不安を与えず、介助する側もされる側も、大きな負担なく行うことができます。
● 「立位から腰をおろす」「基本の寝かせ方」「体が大きい人の寝かせ方」を紹介します。

ベッドに座る｜立位から座る

① 相手の両足の間に片足を入れる

ベッドに近づき、足を肩幅に開いて立ってもらい、足の間に片足を入れる。

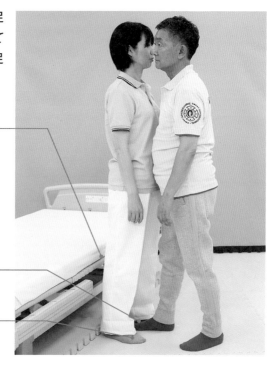

ひざ裏がつくくらい、ベッドに近く立つ。
※いったんベッドにひざ裏をつけると、ベッドとの距離感がわかるので、相手は不安感が解消される。

相手の足の間に片足を入れる。

肩幅に開く。

② 内腕刀で背中にふれる

両腕を肩にのせてもらい、介助者は相手の背中に腕を回し、引き寄せる。

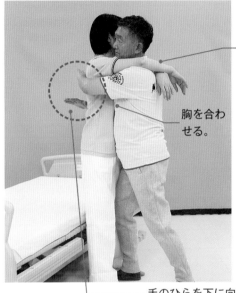

両腕を肩にのせてもらう。

胸を合わせる。

ふれるのはココ！

両腕の内腕刀で肩甲骨にふれて支える。右足を前に出した場合は、左手を上にしてふれると、相手の上半身が捻転しないで安定する。

手のひらを下に向け、鈎手にして、内腕刀と親指で背中にふれる。持ち上げて支えようとせずに引き寄せる。

③ 後方に崩す

❶引き寄せた体を少し押しながら腰を落とす。

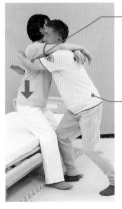

回した腕は支えた状態のまま、下方へ誘導する。

腰を落とす。

❷相手の上半身は立てたまま、ゆっくり座ってもらう。

上半身を垂直に立てたまま腰をおろせるので、後ろへ倒れそうな不安を感じずにすむ。

ベッドの前面にひざ裏をつける。

ベッドに寝る① | 基本の寝かせ方

① 足を閉じてもらう

相手が自分で足を閉じられない場合は、両手を外くるぶしにふれ、すねの骨に前腕を沿わせて、左右からはさみ込むようにして足を閉じる。

すねの骨に沿わせる。

外くるぶしにふれる。

② おなかの前で腕を交差する

相手の両腕をおなかの前で交差することにより、胸の筋肉や腹筋が働かなくなり、ムダな力が入らず、反発する力も生まれなくなる。

親指・中指・薬指でリングをつくるようにして手首にふれ、腕を交差する。

【掛手】を使う!

5本の指でしっかりつかむと相手は緊張して体に力が入るが、2本の指だけでふれると、力を抜いたままでいられる。

③ ベッドに片ひざをつく

ベッドの頭側に立ち、片ひざをベッドについて、相手の骨盤にぴったりつける。このひざが、次の動作を行うときの支点になる。

ひざと相手の骨盤をぴったりつける。

片ひざをつく。ここが動作の支点になる。

④ ひざ裏に手を入れる

一方の手で相手の肩甲骨に手をふれ、もう一方の手をひざ裏に差し入れる。

片ひざはベッドにつけておく。

親指を上にして、ひじを張り、外側からひざ裏に腕を差し入れる（→P.16「鈎手の理」）。

内腕刀でふれる。

足を握らず、鈎手にすることで支える力が倍増する。

⑤ 肩甲骨とひざを引き、回す

❶～❸の手順で、図のように回転させながらベッドに寝かせます。

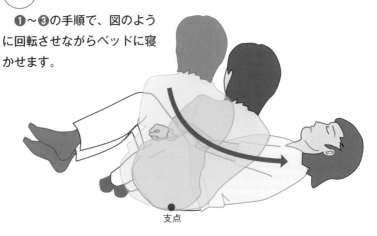

支点

❶ひざ裏に入れた手を斜め上に引き上げ、相手の上半身を傾ける。

傾けていく際に、骨盤とひざの間は離れていく。

相手のひざを上げる前は、ひざが支点になっている。

P.111④でひざ裏に入れた手を斜め上に引き上げる。

前腕で肩甲骨にふれる。

相手のひざが上がると、上半身が傾く。

上半身が傾くと、支点が手前の坐骨に移る。介助者の腰を支点にしないので、腰に負担がかからない。

❷自分の上体を起こしながら、背中にふれた手を引くと、相手は手前の
坐骨を支点に回り始める。

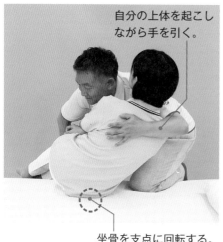

自分の上体を起こし
ながら手を引く。

坐骨を支点に回転する。

この技にヒントあり！ 裏返投（うらがえしなげ）

車の理・はずみの理を応用
（→P.24）。

❸完全に仰向けになるまで一気に回転させる。そのあと、背中から手を
外し、ひざにふれた手を抜いて寝かせる。

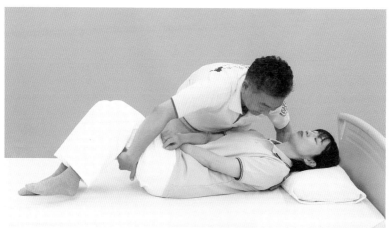

ベッドに寝る② | 体が大きい人の寝かせ方

① 足を閉じてもらう

相手が自分で足を閉じられない場合は、すねの骨に前腕を沿わせて、左右からはさみ込むようにして足を閉じる。

すねの骨に沿わせる。

② おなかの前で腕を交差する

相手の両腕をおなかの前で交差することにより、胸の筋肉や腹筋が働かなくなり、ムダな力が入らず、反発する力も生まれなくなる。

親指・中指・薬指でリングをつくるようにして手首にふれ、腕を交差する（→P.30「掛手」）。

③ ベッドに片ひざをつく

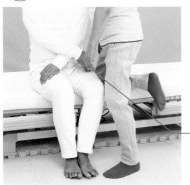

ベッドの頭側に立ち、相手の骨盤からこぶし１つ分空けた位置に片ひざをつく。このひざが、⑤－❶で体重がかかる場所になる。

相手の骨盤からこぶし１つ分空けた位置にひざをつく。

④ 肩甲骨にふれ、ひざ裏に手を入れる

一方の手で相手の肩甲骨にふれ、もう一方の手をひざ裏に差し入れる。

ひざ裏に、手前から腕を差し入れ、親指を上にしてひじを曲げる（→ P.16「鈎手の理」）。

内腕刀で背骨と肩甲骨にふれる。

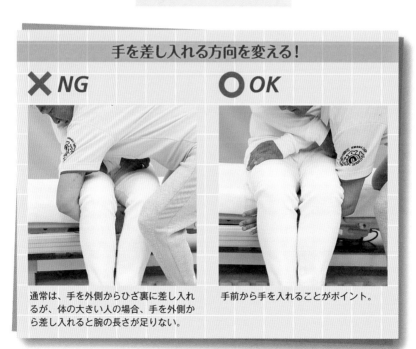

手を差し入れる方向を変える！

✕ NG

通常は、手を外側からひざ裏に差し入れるが、体の大きい人の場合、手を外側から差し入れると腕の長さが足りない。

◯ OK

手前から手を入れることがポイント。

⑤ 肩甲骨とひざを引き、回す

相手の体重を利用しながら、❶～❸の手順で寝かせる。

❶肩甲骨にふれた手を下に引い
て、上半身を倒す。

相手の体重は、手前
側の坐骨にかかるの
で、介助者には重み
がかからない。

❷肩甲骨にふれた手
を手前に引きなが
ら、ひざ裏にふれ
た手を押し、自分
の体を回す。する
と、相手の体が手
前の坐骨を支点に
して回転し、相手
の重みで自然に上
半身が倒れる。

❸完全に仰向けになるまで一気
に回転させる。そのあと、左
右の手を外す。

第4章

介護技術の実践
床・トイレ編

日本の生活様式では、床に座ることがあったり、
せまいトイレでの動作が必要になるなど、
介助を困難にする要素があります。
そんなケースでこそ、力まかせではなく、
相手の体重を利用するなどの少林寺拳法にも通じる技術が
介助をラクにします。
手順どおりに行えば、大きな力は必要ありません。

床に座る、
床から立ち上がる

介助の際は部屋のほか、風呂場で床に座ってもらうこともあります。相
手の全体重を受けとめなくてよい介助法をぜひ覚えてください。
転倒した人などを起こして立ち上がるための介助法も紹介します。

床に座る① | 基本の座り方

※介助者が左足を後ろにする例を紹介します。

1 後ろに立つ

足を開いてもらう。
介助者も足を左右に
開き、前後に半歩ず
らして相手の真後ろ
に立つ。

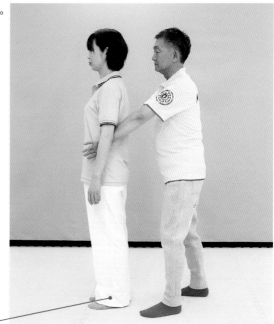

足を開い
てもらう。

② 手首の上にふれ腕を交差する

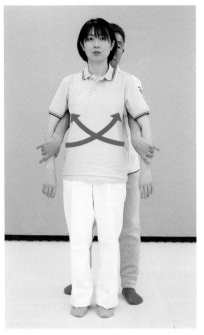

　相手の腕の下に自分の腕を差し入れ、手首の少し上に中指・薬指でリングをつくるようにしてふれ、そのまま交差する（→P.30「掛手」）。

介助者が③で左足を引く場合、相手の左腕を上にして腕を交差すると、③で後ろに下がる際に、体の左右がバラつかずに同じように傾く。

手でおなかを押さえない！

✖ NG

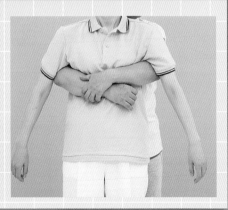

　手を相手の手の上におかずに、おなかを押さえてしまうと、相手は全体重を介助者に預けてくるため、負担が大きくなる。
　また、手が相手のみぞおちに当たってしまい、危険なことがある。

③ 後ろに1歩ずつさがる

❶（1歩目）介助者は後ろの足を1歩大きく引き、後ろに下がる。

相手の体重は、背中とかかとに分散されるので、介助者にかかる重みが軽減する。

❷（2歩目）体重を後ろに移し、右足を大きく引く。

この部分を動画で見る

❸腰を落としながら、相手のお尻をゆっくりおろす。

右足を大きく引く。

正面から見る

足のすねにお尻を沿わせる。このことにより、お尻が床につくときの衝撃をなくすと同時に、介助者の腰への負担が軽減される。

転位 [てんい]

　少林寺拳法の足捌き・体捌きのひとつ。

　少林寺拳法では、技をかけると相手が自分の方へ倒れ込んできたり、思わぬ方向に相手が倒れることで自分自身も引っ張られ、共倒れになったりするケースがあります。

　無駄のない足捌きで自ら移動することで、相手を操作しやすくすると同時に、安定した自分を保つことができます。

無駄のない足捌きで移動。

自分が立っていた位置に相手が倒れ込む。

床に座る② | 体が大きい人の座り方
第1介助者と第2介助者の2人で介助します。

① 後ろに立つ ※介助者が左足を後ろにする 例を紹介します。

足を腰幅に開いてもらう。第1介助者は足を左右に開いて相手の真後ろに立つ。第2介助者は相手の正面に、右足を斜め前に出して立つ。

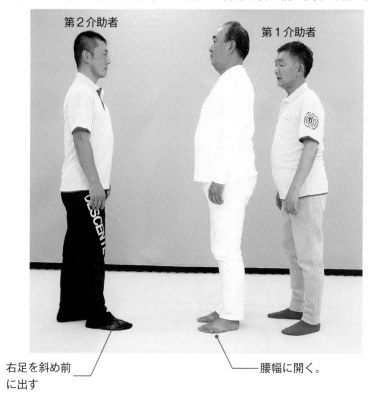

第2介助者

第1介助者

右足を斜め前 に出す

腰幅に開く。

②　腕を重ねて引き寄せる

❶第1介助者は、相手の腕の内側から腕を差し入れて、親指・中指・薬指でリングをつくるようにして、前腕にふれる。

> 親指・中指・薬指でリングをつくるようにしてふれる。

相手の腕の内側から自分の腕を差し入れる。

【掛手】を使う!

5本の指でしっかりつかむと相手は緊張して体に力が入るが、3本の指だけでふれると、力を抜いたままでいられる。

❷第1介助者は、相手の前腕を体の正面で重ねて、そのまま軽く引き寄せる。手で相手のおなかを押さえてしまわないことがポイント。

腕を軽く引き寄せる。

左手を上にして前腕を重ねる。

③ 後ろに2歩下がる

相手に全身の力を抜いてもらい、❶〜❸の手順で床に座らせる。

❶ 第1介助者は、相手の背中を自分の胸に密着させて、1歩目で左足を後ろに引く。第2介助者は、両足のひざ裏に中指・薬指でふれる。

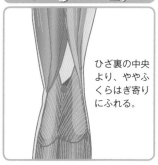

ふれるのはココ!

ひざ裏の中央より、ややふくらはぎ寄りにふれる。

相手の体がもたれかかってくるところまで、大きく1歩下がる。

ひざ裏に中指・薬指でふれて指の関節を曲げる。

❷ 2歩目で右足を半歩後ろに引きながら腰を落とす。

第2介助者がひざにふれているだけで、相手の体重が分散され、第1介助者にかかる重さが軽減される。

自分がいた場所から動き、その場所に相手を移動させる（→P.121「転位」）。

❸第１介助者は、ひざを曲げて腰を落とし、自分の左足に沿わせて相手のお尻を床におろす。

介助者が立っていた位置に腰をおろすことになる。

第４章　介護技術の実践　床・トイレ編

床に座る②　体が大きい人

この技にヒントあり！

龍投（りゅうなげ）

手首をつかまれ、引きこまれたときの対処法。上体を固めて後ろに倒し、下半身を弱くしている。

足のすねにお尻を沿わせる。このことにより、お尻が床につくときの衝撃をなくすと同時に、介助者の腰への負担が軽減される。

床から立ち上がる｜基本の立ち上がり方
転倒した人などを起こす場合に必要な介助です。

(1) 床にひざをつき、腕を交差する

おなかの前で腕を交差することによって、ムダな力が働かないようにする。

相手のおなか
の位置にひざ
をつく。

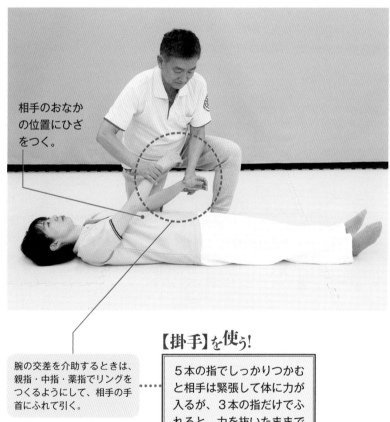

腕の交差を介助するときは、
親指・中指・薬指でリングを
つくるようにして、相手の手
首にふれて引く。

【掛手】を使う!

5本の指でしっかりつかむ
と相手は緊張して体に力が
入るが、3本の指だけでふ
れると、力を抜いたままで
いられる。

② 両ひざを引いて立てる

ひざを相手の腰の位置につき直す。奥の足のひざ裏に中指・薬指でふれ、腕を相手の頭の方へ斜め45度に引いて、ひざを立てる。手前の足も同様にひざを立てる。

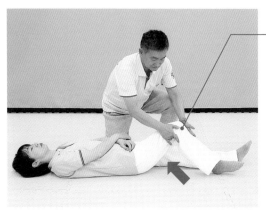

斜め上に引く。

すねに手を添えてさらに引き寄せる。

③ 上半身を起こす

❶ひざを相手の肩の位置につき直し、片手で手前の足のひざ頭を押さえる。もう一方の手を首の付け根に差し入れ、斜め45度上に腕を引いて上半身を起こす。

頭側の足（この例では右足）を、肩の位置につく。

両ひざの下を押さえる。

手のひらを下向きにして差し入れてから、親指が上になるように腕を回し、内腕刀（前腕の親指側の側面）で首の付け根を支える。

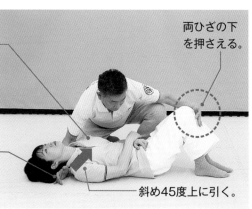

斜め45度上に引く。

❷上半身が起きてきたら、床についたひざを移動させて相手の後ろ側に
まわる。もう一方の足はひざを立てる。

ひざを相手の後ろ
に移動させる。

反対側から見る

ひざを立てて、足で体側
を支える。

④ 腕を交差し、引き寄せる

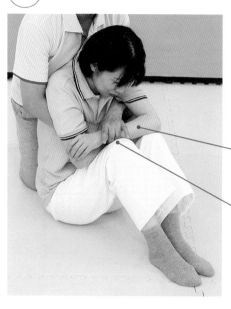

❶わきの下から腕を差し入れて、親指・中指・薬指でリングをつくって相手の腕にふれ、交差する。

左腕が上になるように交差する。

親指・中指・薬指でリングをつくって腕にふれる。

❷自分の両腕を引き寄せ、相手の上半身を保持する。

右の腰は相手につけずにすき間を空けておく。

体と足の位置はココ！

左足を前に出したときは、左側の背中とおなかをぴったりくっつける。

右足　　ひざ

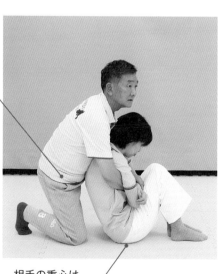

相手の重心はお尻にかかる。

⑤ 前に押しながら、腰を浮かせる

　相手を押しながら腰を浮かせていくと、相手の重心はお尻→かかと→足裏全体へと移っていく。介助者には相手の上半身の重みだけがかかるので、負担が少ない。

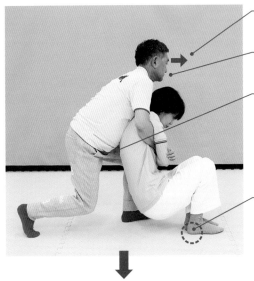

視線は正面へ向ける。

息を吐く

右側のおなかは相手から離したまま前に押し出す。持ち上げようとしないことがポイント。

重心がお尻からかかとへ移る。

離していた腰を捻転して前に出していく。

重心が足裏全体に移る。

⑥ 足を1歩前に出す

右に捻転している腰を左に回しながら、右足を1歩前に出す。相手の上半身も右に捻転しているので、その戻る力を利用して立ち上がる。

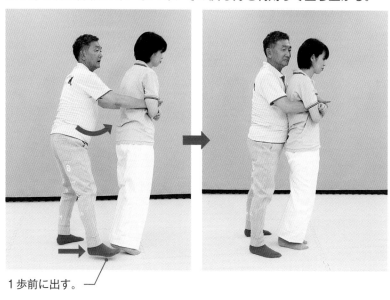

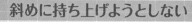
1歩前に出す。

斜めに持ち上げようとしない

✕ NG

通常は、相手の体を斜め上に引っぱり上げようとしがちですが、持ち上げずに、前へ押し出すことがポイントです。介助者は視線は正面に向け、あごを上げないで、まっすぐ押し出します。

トイレで座る、立つ

トイレのスペースがせまい場合は、垂直に立ったり座ったりすることになり、相手の体を持ち上げて介助しようとすると、介助者の腰に大きな負担がかかります。そこで、体を持ち上げずにできる、腰に負担のかからない介助法を紹介します。

トイレで座る｜せまいトイレでの介助

① 相手の斜め前に立つ

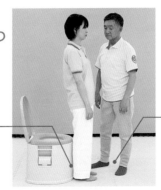

トイレのふちに足がつくくらいの位置に立ってもらう。

肩幅に開いて立つ。

② 腕をおなかの前で交差する

腕の交差を介助するときは、親指・中指・薬指でリングをつくるようにして、ひじの少し下にふれる。

【掛手】を使う!

5本の指でしっかりつかむと相手は緊張して体に力が入るが、3本の指だけでふれると、力を抜いたままでいられる。

③ 腰と腕にふれる

片方の手は手前の腕の下から入れて、奥の腕の上に出し、中指・薬指で付け根にふれる。もう一方の手は、手のひらで腰にふれる。

ふれるのはココ！

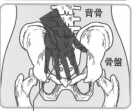
背骨
骨盤
背骨と骨盤の交点

上から
ふれる。

下から
入れる。

指先を
下に向
ける。

この技に
ヒントあり！

腰挫（こしくじき）

相手が背負ってきたときに対処する技。

腰の急所へ打ち込む角度にコツがある。

④ 声をかけ、下に押す

❶「座りますよ」と声をかける。すると相手のひざがゆるむので、腕にふれた手を背中の方向に少し押してから、両手を下方向に軽く押す。

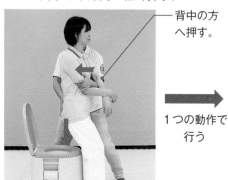

背中の方
へ押す。

1つの動作で
行う

❷相手の体の重みでひざが折れて体が垂直に下がるため、介助者は上半身を支えるだけですむ。

トイレで立つ｜せまいトイレでの介助

① 相手の
斜め前に立つ

肩幅に開いて立つ。

② 腕をおなかの前で
交差する

腕の交差を介助するときは、親指・中指・薬指でリングをつくるようにして、ひじの少し下にふれる（→P.30「掛手」）。

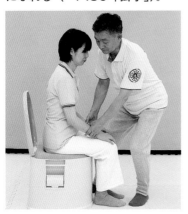

③ 背中にふれて
前傾する

片方の手のひらで背中にふれ、軽く押して前傾してもらう。

もう一方の手は腕にふれておく。

④ 坐骨にふれる

相手が前傾したら、背中にふれていた手をずらして、中指・薬指で奥側の坐骨にふれる。

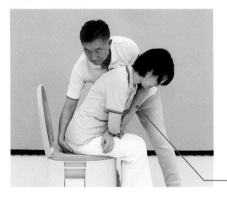

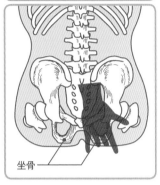

ふれるのはココ！

坐骨

———首に当たらないように
注意して、胸を支える。

⑤ 坐骨を押し、胸を引く

❶坐骨にふれている手を相手のおなかの方へ押すと、腰が引き上げられる。持ち上げようとしないことがポイント。

❷坐骨から手を放して腰にふれる。同時に胸を支えている腕を相手の背中の方へ押して、上半身を起こす。

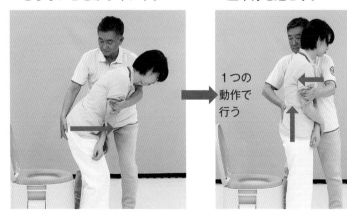

1つの動作で行う

トイレで立ち上がった
あとの立位保持

トイレから立ち上がったあとは、すぐに歩き出さないで、姿勢が安定するまで体を支えることが大切です。せまいトイレでは、次のように立位を保持します。

胸に相手の肩
を密着させる。

ひじを張って
腕を浮かせる。
ひじが体側に
ついていると、
背中をうまく
押すことがで
きない。

骨盤に手をあ
て、おなかの
方へ軽く押す。

手のひらで腕
にふれ、中指・
薬指を曲げて
手前に引く。

指先を下に向
ける。

第5章

介護技術の実践
車いす編

車いすを使用する人の介助では、
体を持ち上げずに立ち上がりを介助したり、
移乗する際にはうまく体を回転させるといったことが、
体に負担をかけないためのコツになります。
車いすから立ち上がるための介助は、
介護度や、麻痺のあるなしなどの
状況別に細かく分けて解説します。

車いすの 操作と介助の基本

車いすに不慣れな人でも、ラクに操作できる基本の操作法を紹介します。折りたたみ式の車いすを広げたり、たたんだりするだけでも、方法を工夫しないと腰などに負担がかかるものです。体に負担のかからない座り方、押し方、段差の乗り越え方、止め方を解説します。

車いすの各部の名称

一般的な介助用車いすの各部の名称です。

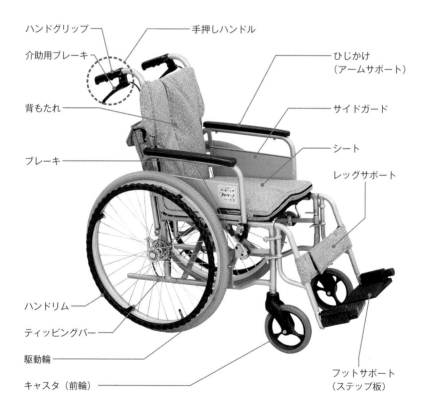

- ハンドグリップ
- 手押しハンドル
- 介助用ブレーキ
- ひじかけ（アームサポート）
- 背もたれ
- サイドガード
- ブレーキ
- シート
- レッグサポート
- ハンドリム
- ティッピングバー
- 駆動輪
- キャスタ（前輪）
- フットサポート（ステップ板）

体に負担がかからない車いすの座り方

個人の状態によって違いがありますが、基本の姿勢を紹介します。

負担がかからない座り方のポイント

ポイント①　頭は首の上に
頭はつい、前に下がりがちですが、まっすぐ首の上の位置にあるほうが、肩や首に負担がかかりません。

止まっている間は、必ずブレーキをかけておく。

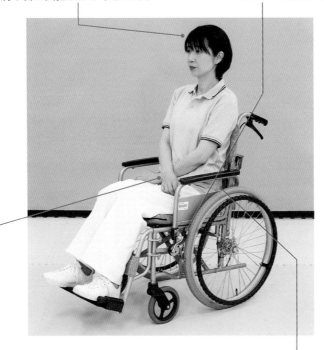

ポイント②　腕を交差する
ひじや手が車いすの外側に出ていると、ぶつかったり、巻き込まれるなどの事故が心配です。腕をおなかの前で交差しておくことで防止できます。

ポイント③　深く座る
お尻が前にずれていると、骨盤が後傾して、お尻がすれたり、ずり落ちる原因になります。シートに深く座り、できる人は背筋を伸ばしましょう。

折りたたみ式車いすを広げるときのコツ

　ひじかけを左右に広げてからシートを押します。自分の体重を使うと、大きな力は必要ありません。

背中を丸めずに前傾する。

ひじを伸ばしておき、体重を使って左右に押し広げる。

片足を前に出してシートの近くに寄る。

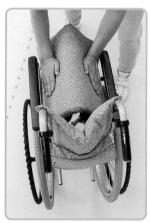

シートの両わきに小指を沿わせて下に押す。

 NG

背もたれ側から操作しようとすると腰に負担がかかる。

折りたたみ式車いすを
たたむときのコツ

　車いすの横に立ち、中指・薬指をシートの前後中央にふれて引くと、腰に負担をかけずにラクにたたむことができます。

背中を丸めずに前傾する。

手首は伸ばす。

上腕二頭筋や大胸筋を使うことができるので、腰に負担をかけずにすむ。

手首は伸ばしておく。

中指・薬指を中央にふれる。指を曲げて外れにくくし、自分の方へ斜め上に引く。

フットサポートに足をのせる
足をのせるだけで負担にならないように、適切に行います。

足首や靴底などを持つのではなく、次の方法で行うとラクにできます。

(1) かかとにふれ、引き上げる

介助者は右手の中指・薬指でかかとにふれて引き上げる（→P.30「掛手」）。

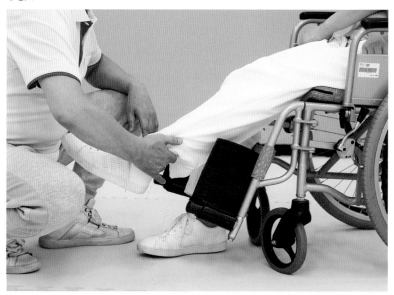

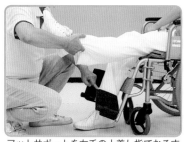

フットサポートを左手の人差し指でおろす。

相手の足には中指・薬指でふれ、フットサポートには人差し指でふれるというように使い分けます。そうすることで衛生的になり、介助される人にも不快感を与えません。

② ひざを曲げる

　左手の中指・薬指をひざ裏にふれる。その手を斜め上に引き、右手をおろしながらひざを曲げる。

中指・薬指でふれ、斜め上に引く。

ひざを支点にしてラクに曲げることができる。

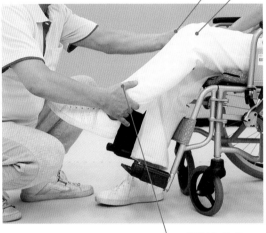

下におろす。

> 靴底を持たないで、足首やかかとに中指・薬指でふれることがポイントです。靴底を持ち上げようとすると相手の反発する力が生じて、余分な力が必要になります。また、衛生面からも、靴底よりかかとを持つほうがよいのです。

③ フットサポートにのせる

　ひざに手を添えたまま、両手でバランスをとってかかとからフットサポートにのせる。反対の足も同様に行う。

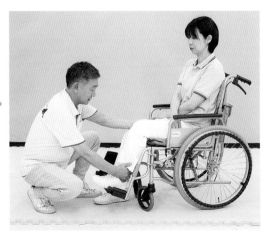

車いすに深く座り直す

浅く座った状態から、座り直させる場合の介助法です。

　浅く座っていると、お尻がすれたり、ずり落ちる原因になるので、この方法でP.139のように深く座り直してもらいましょう。

① 足を前後に開く

　介助者は車いすの後ろで足を前後に開く。前の足の太ももを車いすの背もたれにつけて、ひざを曲げ、体重をこの足にかける。

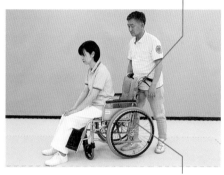

おなかから骨盤、太腿の前側までを背もたれにつける。

ひざを曲げ、足に体重をかける。

② 腕を交差する

❶相手の両わきの下から手を差し入れ、前腕に親指・中指・薬指でリングをつくってふれる。

❷おなかの前で腕を交差する。介助者が右足を前に出す場合は、左腕を上にすることがポイント。

③ 体重を後ろに移動しながら腕を引く

❶体重を右足から後ろに移動さ
せながら、腕を引き寄せる。

❷おなかで腕を交差させている
ので、みぞおちが守られて圧
迫されない。

持ち上げよ
うとしない
で引き寄せ
ることがポ
イント。

先に右の腰を引いて、腰を
ねじりながら引き寄せる。

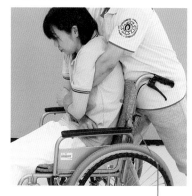

背中が背もたれにつき、ひざ裏
がシートにつくまで引き寄せる。

ずり落ちを止める

車いすからずり落ちそうになったときは、次のように対処します。

❶両ひざを正面から手で押
さえる。

❷片方の手と腕で、
ひざから向こうずね
にふれて押さえ、も
う一方の手で相手の
腕を交差する。

❸車いすの後ろにま
わり、左ページの方
法で腕にふれて引き、
深く座り直してもら
う。

第5章 介護技術の実践 車いす編　操作と介助の基本

車いすを押す① | 基本の押し方
ハンドグリップは握らずにふれることがポイントです。

① ハンドグリップにふれる

足を前後に開き、ひじを伸ばして、母指丘（ぼ　し　きゅう）（手のひら側の親指の付け根のふくらみ）でハンドグリップにふれる。

少し前傾する。
ひじを伸ばす。

前の足に体重をかける。

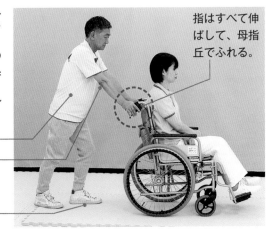

指はすべて伸ばして、母指丘でふれる。

② ひじを伸ばし、1歩目を踏み出す

ひじを伸ばしたままハンドグリップを押し、1歩踏み出す。

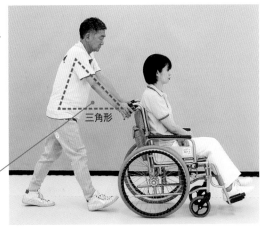

三角形

この部分の三角形を保つようにして1歩目を踏み出す。

③ ひじを曲げながら、2歩目からを押す

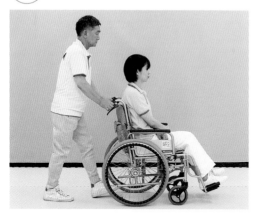

2歩目からは、ひじを曲げて押す。母指丘でハンドグリップを押し、小指以外の指を軽く握る。

ハンドグリップは握らない！

○ OK 握らない

1歩目を踏み出すときは、ハンドグリップを握らずに、肩の付け根から押し出すようにすると、手先の筋肉ではなく大胸筋などの体幹の筋肉を使えるため、腰にも余計な力が加わらない。

2歩目以降も、ハンドブグリップはごく軽く握るだけにしておくことで、腕に余計な力が入らない。

✕ NG 握ると危険！

踏み出すときにハンドグリップを握ると肩に力が入り、前のめりになってしまう。2歩目以降も、強く握っていると手首やひじが曲がり、末端の小さな筋肉を使うことになり、腕、肩、腰に負担がかかる。また、握ることで腕に力が入って固まっていると、とっさのときにブレーキを引けない。

車いすを押す② | 段差を乗り越える
ハンドグリップを握らずに押し下げます。

① ティッピングバーに足をのせる

③ キャスタを段にのせる

② 踏みながらハンドグリップを下げる

ティッピングバーを踏みはじめてからハンドグリップを押し下げ、キャスタ（前輪）を浮かせる。

―― 指は伸ばしておく。

④ 指2本をハンドグリップにふれ駆動輪を上げる

ハンドグリップを中指・薬指で上に上げながら前進する。ほかの指は添えるだけにする。

車いすを安全に止める
介助者の体重移動だけで車いすを止める方法です。

① 最後の1歩を
大きく踏み出す

両足をそろえられるように大きく1歩踏み出す。

体重は前方向に
移動している。

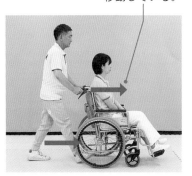

② 腰を背もたれに
近づける

腰を車いすの背もたれに近づけて左右の足をそろえる。介助者の体重が真下に伝わり、車いすがスムーズに止まる。

体重は
真下に
伝わる。

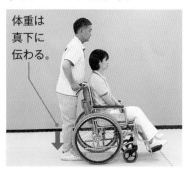

引いて止めると衝撃がかかる！

✕ NG

体重を後ろにかけて、車いすを引いて止めると、急ブレーキをかけることになり、介助者の腕や腰、相手の首に衝撃が加わります。後ろに引かずに、体重を真下にかけるようにすると、乗っている人の体に衝撃をかけることなく車いすを止められます。

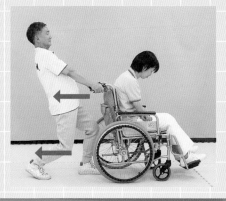

車いすの移乗を
介助する

車いすの移乗は、体を持ち上げて介助しようとすると、介助者にも介護される人にも大きな負担がかかります。相手の体をうまく回転させることが負担なく介助するポイントです。ベッドから車いすへ、車いすからベッドへ、ラクに移乗させられる介助法を紹介します。

ベッドから車いすへ移乗
ベッドに対して車いすを斜めに置く方法です。

相手の斜め右に車いすを置く例を紹介します。
P.154 ～ 155も参考にしてください。

① 車いすを斜めに置く

ベッドに座った相手の両足が、フットサポートの内側に入るように車いすを斜めに置き、ブレーキをかける。レッグサポートは外しておく。

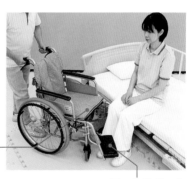

相手の右ひざにシートが
つくくらいまで近づける。

フットサポート

② 足を前後に開く

かかとに近いすねにふれ、左足が後ろになるように足を前後に開く。こうしておくと、あとで体を回転させる際に安定する。

左足を後ろに引く。

③ ベッドに片ひざをつき、
おなかの前で腕を交差する

腕を交差することで、相手にムダな力が入らないようにする。この例
では、P.152の動作がしやすいように、右腕を上にして交差する。

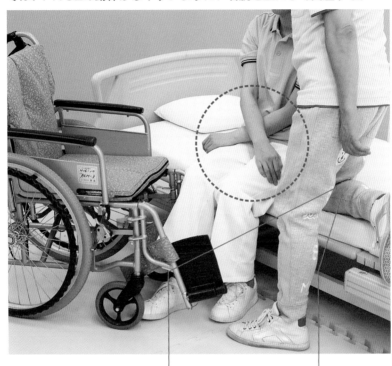

ひざをつくことで、介助者
の次の動作の支点がひざに
なる。ひざをつかないと、
支点が腰になり、大きな負
担がかかる。

相手の左骨盤の近くにひざを
つき、次の動作の支点にする。

【梃子の理】を使う!

支点を適切な位置におく
と、大きなものを小さな
力で動かすことができる。

第5章　介護技術の実践　車いす編　ベッドから車いすへ移乗

151

④ ひじかけを握ってもらう

❶右手で相手の右肩にふれて上半身を前傾させ、左手の中指・薬指で相手の右手首を下から支えて車いすのひじかけに手のひらをのせる。

❷ひじかけにのせた手を上から握り、相手にひじかけを握ってもらう。

手の上から握ると、相手の指が曲がってひじかけを握れる。

上半身を前傾させてひじかけにふれてもらう。

中指・薬指で下から支える。

【掛手】を使う!

5本の指でしっかりつかむと相手は緊張して体に力が入るが、2本の指だけでふれると、力を抜いたままでいられる。

⑤ 右わきの下に左腕を入れる

相手の右わきの下に左腕を差し入れる。内腕刀（前腕の親指側の側面）で相手を支える。

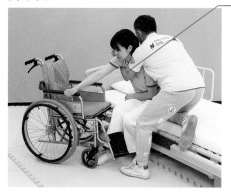

腕を差し入れてひじを90度曲げる。左手で相手をつかまないことがポイント。内腕刀で相手を支えるので、介助者は体幹に近い大きな筋肉を使うことになり、腰に大きな力が加わらずにすむ。

【鈎手の理】を使う!

ひじを伸ばしたままだと強い力に耐えられないが、ひじを曲げると力に耐えてしっかり受けとめることができる。

⑥ 坐骨にふれる

腕を相手の背中に斜めに沿わせて、右手の中指・薬指で右の坐骨にふれる。

⑦ お尻を前に押して回す

❶右ひざを支点にして、左腕で相手の上半身を支え、右手でお尻を車いすの方へ押す。わきの下に入れた手を軸に、相手の体が左に回転する。

前についた足も支点になる。

❷相手が回転するのに合わせて、右手で左の肩近く、左手で右わきの下を支え、車いすに座るのを介助する。

わきの下を支える。

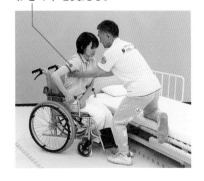

この部分を動画で見る ▶

全転換

足運びによる重心移動で体の向きを変えやすくします。

ベッドから車いすへ移乗

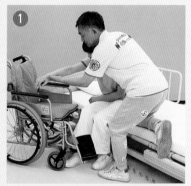

足の位置はココ!

ひざ

車いすからベッドへ移乗

ベッド柵を利用して移乗する方法です。

① 車いすを斜めに置く

ベッドに対して斜めに車いすを止め、ブレーキをかける。レッグサポートは外しておく。

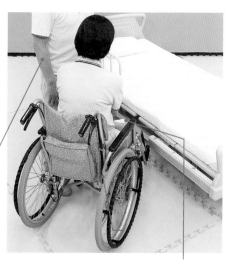

介助者はベッド柵の側に立つ。

前の足がベッドのすぐ前にくる位置に止める。

② 足を前後に開きおなかの前で腕を交差する

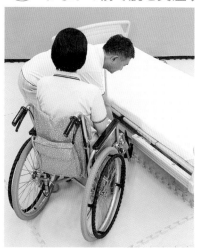

　P.150 ②、P.151 ③ と同じ方法で、ベッド柵側の足を後ろに引き、次に、腕をおなかで交差する。この例では、右手でベッド柵を握ってもらうため、右腕を上にして交差する。

③ 前傾して
ベッド柵を握ってもらう

右手を相手の右肩甲骨にふれ、前傾してベッド柵を握ってもらう。

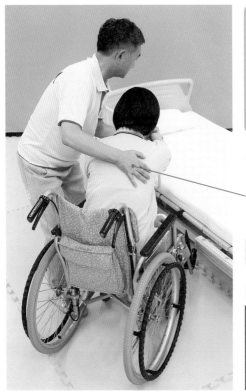

自分で握れない場合は、P.152
④の方法で握ってもらう。

> 右手を開いて背中にふれ、
> 上半身を前傾してもらう。

【崩し】を活用！

ここでは、前傾して重心
を頭の方へ移動すること
で、相手の体を前方に移
動しやすくする。

④ 奥側のわきの下に腕を差し入れる

　介助者から離れた奥側のわきの下に、手前から腕を差し入れてひじを曲げ、手を開いて鈎手にする。

⑤ 坐骨にふれる

腕を相手の背中に斜めに沿わせて、右手の中指・薬指を奥側（この場合は右）の坐骨にふれる。

ふれるのはココ！

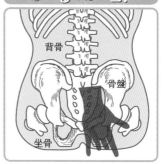

背骨
骨盤
坐骨

⑥ お尻を前に押して回す

❶左腕で相手の上半身を支え、右手でお尻をベッドの方へ押す。相手の体は、お尻の右側からベッドへ近づくように回転する。

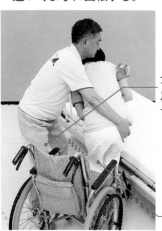

介助者は右足を支点にする。

相手は前に出した足を支点にして回転。

❷相手が回転するのに合わせて、両腕を支えて、ベッドに座るのを介助する。

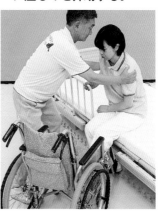

車いすから立つ、車いすに座る

車いすから立ち上がる、車いすに座るときの介助法です。
●立ち上がるときの介助法は、「基本」「立位が安定している人」「介護度が高い人」「片麻痺がある人」の例を詳しく紹介します。

車いすから立ち上がる① | 基本の立ち方

① 足を閉じる

相手の正面に立ち、両腕ですねをはさんで閉じる。

② おなかの前で腕を交差する

腕を交差させることで、相手にムダな力が入らないようにする。

③ 上半身を前傾する

　手のひらを相手の左右の肩甲骨の間にふれて引き、頭がひざの上にくるまで前傾してもらう。

ひざの上にくるまで前傾してもらう。

左右の肩甲骨の間にふれる。

腕に軽くふれる。

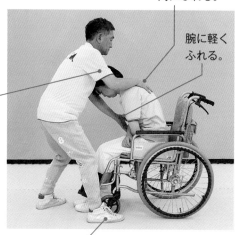

【崩し】を活用！

前傾すると重心が前に移動し、次に立ち上がらせる動作が容易になる。

前足をフットサポートの外側におき、足を前後に開く。内側におくとフットサポートにぶつかり、けがにつながる。

④ わきの下に中指・薬指を入れる

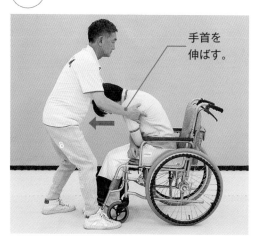

手首を伸ばす。

❶中指・薬指をわきの下に差し入れ、指を曲げると、指が外れにくくなる。親指は背中にふれる。

❷腕を自分の方に引く。

⑤ 後ろに1歩下がる

　両腕を自分の方に引きながら、前に出していた足を1歩下げて、後ろの足にそろえる。体重は相手の足の裏にかかり、相手が自分で立ち上がる力を利用することができるので、大きな力を使わずに立ち上がりを介助することができる。

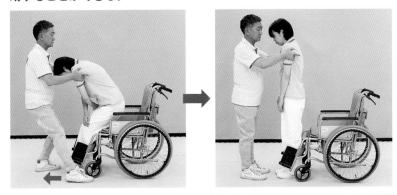

※このあと、立位を保持する（→P.54）。

全体重を受けとめてはダメ！

 NG

　腰を落として相手の全体重を支えようとすると、腰や背中、お尻の大臀筋などに大きな負担がかかります。相手の力も借りることがスムーズな立ち上がりのポイントです。

この部分を
動画で見る

車いすから立ち上がる② 立位が安定している人

立位が安定していれば、両腕を左右からはさんで介助できます。

① 足を肩幅に開く

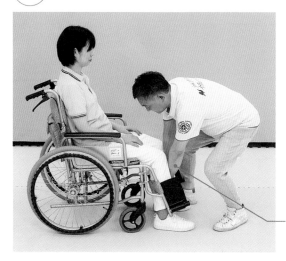

正面に立ち、相手の足を肩幅に開く。

すねの内側に手をふれ、外側にすべらせるように足を広げる。

② 足の間に片足を入れる

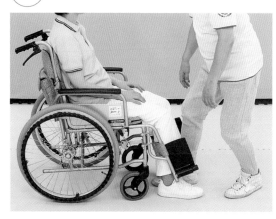

開いた足の間に片足を入れ、もう一方の足を後ろに下げる。

③ 腕を下から支える

ひざを曲げて少しかがみ、手のひらを上向きにして、相手のひじの下にふれる。相手に力を抜いてもらい、自分の前腕を外側に回すと、相手の手のひらを自分の腕の上にのせることができる。

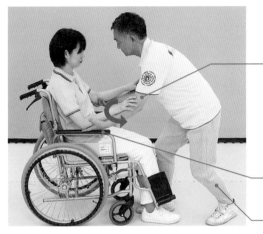

介助者が腕を回すと、手のひらが腕にのる。

手のひらを上に向けて、ひじの下にふれる。

ひざを曲げて少しかがむ。

④ ひじをわき腹につける

両手をひじの横にふれ直し、左右からはさむようにして、相手のひじをわき腹につける。

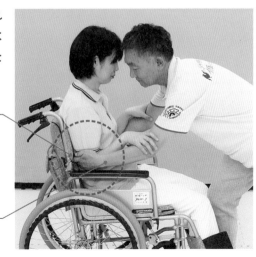

中指・薬指の腹で相手のひじの上にふれ、指先は背中につける。

左右からはさみ込むようにして、ひじをわき腹につける。

⑤ 上半身を前傾する

腕を手前に引き、相手の頭がひざより前に出るまで前傾してもらう。

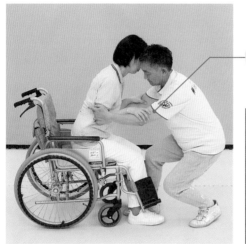

前傾してもらう。

【崩し】を活用！

ひじをわき腹につけることで、相手の肩から手首までが固定され、上半身を操作しやすくなる。前傾すると、重心が前に移動し、次に立ち上がる動作が容易になる。

⑥ 後ろに1歩下がる

相手の上半身が前傾したら、後ろの足に体重をのせ、前の足を後ろに1歩引いて両足をそろえてひざを伸ばす。体重は相手の足の裏にかかり、相手が自分で立ち上がる力を利用することができるので、大きな力を使わずに立ち上がりを介助することができる。

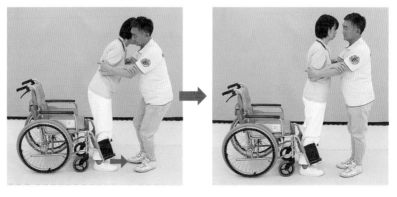

車いすから立ち上がる③ | 介護度が高い人

①②はP.163と同様に行います。

③ 腕を肩にのせる

自分で手を上げられない人は、P.106 〜 107の方法で肩にのせる。

④ 坐骨にふれる

両手の中指・薬指で左右の坐骨にふれる。

ふれるのはココ！

坐骨

⑤ 後ろに1歩下がる

上半身を起こしながら後ろの足に体重をのせ、前の足を後ろに1歩引く。後ろの足のひざを伸ばしながら、両足のかかとをそろえ、相手の坐骨を引く。

車いすから立ち上がる④ 片麻痺があり、介護度が高い

①②はP.163と同様に行います。

③ 腕を肩にのせ、上半身を前傾する

❶P.106〜107の方法で腕を
　肩にのせる。

❷ひざをまげて背中に手をふれ、
　上半身を前傾してもらう。

④ わきの下に手を入れて鉤手にする

両腕をわきの下に入れてひじを90度曲げ、手を開いて鉤手にする。
内腕刀（前腕の親指側の側面）でわきを支え、引き寄せる。

親指を上にして、内腕刀で支える。

【鉤手の理】を使う!

ひじを曲げることと、この場
合は内腕刀で支えることによ
って、持ち上げる力を使わず
に立ち上がりの介助ができる。

⑤ 後ろに1歩下がる

❶後ろの足に体重をのせながらひざを伸ばし、前の足を後ろに1歩引いて、両足をそろえる。

❷相手の体重は本人の足裏にかかるため、大きな力を使わずに立ち上がることができる。

※このあと、立位を保持する（→P.54）。また、転倒しそうになったときは鈎手でしっかり支える（→P.60）。

車いすに座る
側面に立つと、相手は後ろに倒れそうな不安を感じずにすみます。

① 相手の側面に、横を向いて立つ

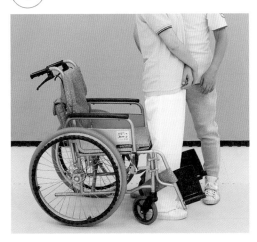

車いすのシートをひざ裏がつくくらいの位置に近づけ、その側面に横を向いて立つ。この位置に立っていると、とっさのときに転倒を防ぐことができる。

② 腕を交差し、奥の腕にふれる

おなかの前で腕を交差する。手前側の腕の下から腕を入れ、反対側の腕に、中指・薬指でふれる。

この例では相手の左腕が前に押し出され、それを相手の右手で押さえることになるため、腕と上半身の位置が保持される。

手前の腕の下を通す。

中指・薬指でふれる。

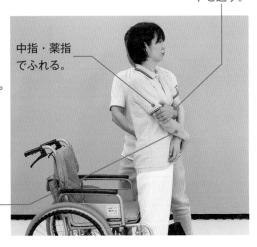

③ 腰に手のひらをふれる

背骨と骨盤の交点に手
のひらでふれ、下半身を
支える。

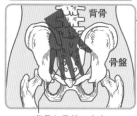

ふれるのはココ!

背骨

骨盤

背骨と骨盤の交点

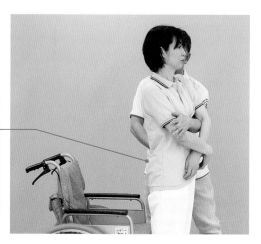

④ 声をかけ、真下に押す

「座りますよ」と声をかける。すると相手のひざがゆるむので、背骨と
骨盤の交点にふれた手をおなかの方向に少し押してから、真下に軽く押
す。相手の体の重みでひざが折れて体が垂直に下がり、介助者は上半身
を支えるだけですむ。

先に、おなかの方向に
押すことで後方に崩す。

無理にシートの奥に座らせよう
としないで、いったん浅く座る。

そのあと、真
下に軽く圧を
かけるだけで
体が下がって
いく。

⑤ 深く座り直す

P.144 ～ 145の方法で、お尻を深い位置に移動する。

正面から支えようとしない

✕ NG　車いすの前側から支えて座らせようとすると、介助者の腰に大きな負担がかかり、重さに耐えきれずに相手にも衝撃を与える危険がある。

相手のズボンやシャツを持つのも危険。

半ばは他人(ひと)の幸せを
～介護技術を通じた社会貢献を目指す～

少林寺拳法は、戦後の荒れ果てた日本において、夢も誇りも持てない人間の姿をまのあたりにした岡山県出身の宗　道臣（1911～1980）が、「平和で物心共に豊かな社会をつくりたい」と、1947年、香川県多度津町で創始しました。

少林寺拳法創始者・宗道臣

"人づくりによる国づくり"の志を立てた道臣が、若者を集め、最初に伝えたのは、「何ものにも負けない本当の強さ」でした。

戦後まもなく、まだ暴力が横行していた当時、頼りになるのはそれに屈しない心と最低限の護身術だったといいます。道臣は血気盛んな若者たちに、少林寺拳法の技法で興味を引かせながら教えを説き、正しい道へと導いていきました。

道臣の志に目を覚まされた若者たちは全国各地で道場を開き、少林寺拳法は青少年育成の団体として知名度を上げ、瞬く間に全国、そして世界へと広がりました。

時は流れ、少林寺拳法はその時代環境に合わせ、社会教育団体として発展していきます。

二代目・宗　由貴は、少林寺拳法で培われる「生きる強さ」がより具

二代目・宗由貴が始めた、
地域清掃や施設訪問などを
一斉に行う社会貢献活動は、
「宗道臣デー活動」と呼び、
現在も積極的な活動を続け
ている。

体的に社会へ発揮される方法として、毎年5月、世界中の道場で地域清
掃や施設訪問、献血などの社会貢献活動を一斉に行うことにしました。
世のため人のために活動する喜びや達成感を得た拳士が、日ごろの生活
でも社会のことを考えるきっかけづくりとしたもので、実施月を道臣の
逝去月としたことから、「宗道臣デー活動」と呼んでいます。

　また、「少林寺拳法健康プログラム」を創設し、一般の方々を対象に
した健康寄与活動にも取り組みました。フィットネス要素の強いこのプ
ログラムは、メタボリックシンドローム対策や、閉塞気味の社会でスト
レスを感じる人に向けた、現代社会ならではの「護身」そして「護心」
術として人気を博しているほか、健康寿命の延伸、介護予防にも役立て

フィットネス要素も取り入れた「少林寺拳法健康プログラム」を開始。
メタボリックシンドローム対策や、護身・護心術、介護予防や健康長
寿を目指すプログラムとして役立てられている。

られています。

　そして令和の現在、65歳以上の人口が総人口のおよそ3割に迫る日本
は、超高齢社会を迎えました。高齢者の急増と生産年齢者の激減により、
社会構造にもひずみが生じ、医療・福祉分野での対応も追いつかない状
況です。

　とりわけ介護業界では、その激務から離職率も高く、施設の受け入れ
が難しい状況もあり、家庭内介護の負担が日増しに大きくなっています。

　そのようななか、令和元年に三代目を承継した私、宗　昂馬の初めて
の事業がこの「少林寺拳法で介護ができる」でした。

　序文で述べた、根津良幸さんとの法縁もあり、少林寺拳法の「最小の
力で最大の効果」が発揮できる理法を活かした全く新しい介護技術は、
介護に悩む人々の希望の光となっています。介護につきものとされた腰
痛からすっかり解放されることが口伝えで徐々に広まり、全国の介護従
事者から注目されるまでになりました。

　　　　　　　　　　　自己を鍛える武道、護身術として
の印象が強い少林寺拳法ですが、そ
の本質は「半ばは他人(ひと)の幸せを」で
す。これからも時代とともに、世の
中のさまざまなことに目を向けて、
社会のために貢献する所存です。

少林寺拳法の技法を活かした介護技術。
家庭で介護を行う人にも、専門の介護
従事者にも役立てられるようになり、
大きな広がりをみせている。

　　　　　　　　　　　　　宗　昂馬

医学的見地からみた本書介護技術の秀逸さ

埼玉医科大学　副医学部長

小山　政史

　本書の介護技術について、医学的見地から解説します。少林寺拳法の技法を応用した、新しい概念によるこの介護技術は、従来の介護技術と比較して優れている点が多数ありますが、主な点を3つ挙げます。

　①従来の介護の常識では、腰に支点をおき、力技で体位変換や移動を行ってきました。従って腰を痛めるのは必然でした。

　一方、本書の介護技術は、**支点を腰からひざに移します。**そして、介護者の体重をすべて抱え込まずに、支点にしたひざからベッドに体重を逃がして、腰にかかる負担を軽減します。また、介護者のボディメカニックスを最大限に利用して体を回すなど、全体重を抱えることなく体位変換や移動を行うので、腰の負担は大幅に減ります。

　②従来の介護では介護者の全身、全体重をコントロール下において、力技で行っていました。その結果、介護者は緊張して体が硬直し、体位変換や移動をしようにも、それが反発力、抵抗力となっていました。

　一方、本書の介護技術は、**「つかむ」ことはしないで「ふれる」ため、介護者に反射的な筋収縮を起こさせません。**さらに、介護者の残存能力を利用します。具体的には、介護者の筋肉を伸展した際に、筋肉がもとに戻ろうとする捻転力を利用することで、容易に利用者の体位変換等を行えます。

　③従来の介護の常識では、「抱えてつかんで持ち上げる」という動作が主体だったので、橈側手根屈筋、尺即手根屈筋など前腕の屈筋群から上腕二頭筋、大胸筋、脊柱起立筋群など体幹に近い筋肉まであらゆる筋肉を総動員しなければならず、結果、支点となる腰に大きな負担がかかっていました。

　一方、本書の介護技術は、手首を曲げずに伸展させることで、手首、前腕などの末梢の屈筋群を疲労させることなく、**主に体幹に近い筋肉に負荷を分散させるので、介護をする人にかかる筋肉疲労が大きく減る**こととなります。

　本書の介護技術は、人の骨格、筋肉、関節の動きをうまく利用し、介護する方にもされる方にも負担のかからない素晴らしい技術です。さらに、医療安全上の、転倒、転落を防止するという見地からも、優れた介護技術であり、まさに今後の介護・医療従事者においても必要不可欠な技術であるといえます。

●著者プロフィール

宗 昂馬［そう こうま］

少林寺拳法第三世師家、少林寺拳法グループ代表、一般社団法人SHORINJI KEMPO UNITY代表理事、少林寺拳法世界連合会長。1985年、少林寺拳法創始者・宗 道臣（そうどうしん）の長女・宗 由貴の次男として生まれる。高校卒業後、イギリスおよび米国ペンシルベニアに留学し、2006年4月に帰国。2009年、一般社団法人SHORINJI KEMPO UNITYに入所。その後、金剛禅総本山少林寺責任役員、同副代表、学校法人禅林学園理事・評議員、専門学校禅林学園副校長、一般財団法人少林寺拳法連盟理事、一般社団法人SHORINJI KEMPO UNITY理事、同専務理事、少林寺拳法世界連合理事、少林寺拳法グループ副代表等を経て、2020年1月、宗 由貴少林寺拳法第二世師家より少林寺拳法師家を承継し、第三世師家となる。

●監修主幹プロフィール

根津良幸［ねづ よしゆき］

埼玉医科大学客員教授、株式会社ONE TO ONE福祉教育学院代表取締役。1996年に社会福祉法人を設立。特別養護老人ホーム統括施設長、デイサービスセンター長、グループホーム統括施設長に就任する。介護認定審査会委員、老人福祉施設連絡協議会会長、高齢者虐待防止委員会委員を歴任。自身が脳梗塞に倒れ、介護・リハビリ生活を送った中で、自分たち家族が生きるための術として編み出した介護テクニックを腰痛で悩む介護現場職員や介護を必要とする家族のために公開し始め、年間5000名を超える日本一受けたい講座の講師として活躍中。また、埼玉医科大学で必須科目となっている講義や、埼玉医科大学国際医療センターで新任ドクターに対するコミュニケーションの講義・指導を行っている。

介護技術監修・実演	根津良幸	撮影	馬場高志
介護技術協力	渡邊まゆみ、松井 勉	イラスト	田中祐子
少林寺拳法技術監修	井上 弘	カバー・本文デザイン	岡田 茂
少林寺拳法技術実演	永安正樹	編集	川島晶子
少林寺拳法技術協力	川島佑斗	映像制作	有限会社オッズ・オン

自然の法則を活かした介護テクニック

少林寺拳法で介護ができる

2021年1月31日　第1版第1刷発行

著　　　者	宗 昂馬（一般社団法人　SHORINJI KEMPO UNITY代表理事）
責任編集	一般社団法人SHORINJI KEMPO UNITY
監修主幹	根津良幸（埼玉医科大学　客員教授）
監　　修	小山政史（埼玉医科大学　副医学部長）
	鳥尾哲矢（埼玉医科大学　整形外科・脊椎外科教授）
	光武耕太郎（埼玉医科大学国際医療センター　感染症科・感染制御科教授）
発行人	池田哲雄
発行所	株式会社ベースボール・マガジン社
	〒103-8482　東京都中央区日本橋浜町2-61-9　TIE浜町ビル
	電話03-5643-3930（販売部）
	03-5643-3885（出版部）
	振替00180-6-46620
	http://www.bbm-japan.com/
印刷・製本	共同印刷株式会社

©Kouma So 2021
Printed in Japan
ISBN978-4-583-11262-6 C2075